C.H.BECK  WISSEN

in der Beck'schen Reihe

Die Staatsverschuldung hat in den meisten westlichen Industrieländern mittlerweile so hohe Ausmaße erreicht, dass ihre Beherrschung zum größten Thema und zur schwierigsten Aufgabe der Politik geworden ist – und es auf lange Zeit bleiben wird.

In klaren, für Leser ohne ökonomische Vorbildung verständlichen Worten erläutern Hanno Beck und Aloys Prinz in diesem Band die wichtigsten Begriffe, Fakten und Zusammenhänge, die man über Staatsverschuldung wissen muss.

Die Autoren stellen die maßgebenden Argumente für und wider Staatsverschuldung vor und erklären, wie es zu den hohen Schuldenständen in Deutschland und anderen Ländern kommen konnte, und welche Auswirkungen das auf unsere Wirtschaft hat. Der Politik bleiben immer weniger Möglichkeiten, die Schulden zu begrenzen und die aktuelle Euro-Krise zu überwinden.

Hanno Beck lehrt Volkswirtschaftslehre als Professor an der Hochschule Pforzheim.
Aloys Prinz lehrt Finanzwissenschaft als Professor an der Westfälischen Wilhelms-Universität Münster.

Hanno Beck
Aloys Prinz

STAATSVERSCHULDUNG

Ursachen – Folgen – Auswege

Verlag C.H.Beck

Mit 5 Grafiken im Text

Originalausgabe
© Verlag C.H.Beck oHG, München 2011
Satz, Druck u. Bindung: Druckerei C.H.Beck, Nördlingen
Umschlagentwurf: Uwe Göbel, München
Umschlagabbildung: © electriceye/Fotolia.com
Printed in Germany
ISBN 978 3 406 63301 0

www.beck.de

Inhalt

Vorwort

Die Ereignisse der Jahre 2009, 2010 und 2011 haben erstmals einer breiteren Öffentlichkeit deutlich gemacht, dass nicht nur Privatpersonen und Unternehmen, sondern auch Staaten insolvent werden können. In einer spektakulären, in der Geschichte Europas nie da gewesenen Rettungsaktion haben die Staaten der Europäischen Union (EU) einen Rettungsschirm von insgesamt maximal 780 Milliarden Euro aufgespannt, der bis 2013 gilt und vom Europäischen Stabilitätsmechanismus (ESM) mit einem Volumen von rund 700 Milliarden Euro abgelöst werden soll. Europas Bürger müssen schockiert feststellen, dass selbst Industriestaaten der Gang in die Insolvenz drohen kann – eine Aussicht, die man allenfalls von weniger entwickelten Staaten kannte, weit entfernt von Städten wie Athen, Madrid oder Dublin.

Die Verschuldung vieler Industriestaaten auf der ganzen Welt ist in den vergangenen Jahren dramatisch gestiegen. Ist das ein Grund, sich Sorgen zu machen? Ganz so einfach lässt sich diese Frage nicht beantworten. Nicht jede staatliche Verschuldung ist negativ, und nicht jeder verschuldete Staat muss zwangsläufig in den Staatsbankrott schlittern. Ähnlich verhält es sich mit anderen Sorgen und Fragen zum Thema Staatsverschuldung: Dürfen wir unseren Kindern Schuldenberge hinterlassen? Wen belastet die zunehmende Verschuldung der Staaten mehr, Bürger mit geringerem Einkommen oder Wohlhabendere? Was darf, was kann, was muss ein Staat an Verschuldung hinnehmen? Diese Fragen lassen sich nicht ohne weiteres und erst recht nicht mit einem Wort oder einem Satz pauschal beantworten.

Dieses Bändchen will differenzierte Antworten auf diese drängenden Fragen geben. Es soll Lesern ohne Vorkenntnisse in Ökonomie einen Überblick geben über das Thema Staatsverschuldung und ihre Urteilsfähigkeit steigern. Dabei verzichten wir zu Gunsten von Kürze und Prägnanz teilweise auf die vollständige Wiedergabe der wissenschaftlichen Argumente und Studien. Wichtig ist uns vielmehr, dass die zentralen Argumente so ausgeführt werden, dass man sie versteht. Staatsverschuldung geht uns alle an, denn es sind unsere Schulden, über die wir da sprechen.

I. Grundlagen:
Das Einmaleins der Staatsverschuldung

1. Interne und externe Staatsverschuldung

Was angesichts der Griechenland-Krise den Bürgern des heutigen Europas so spektakulär vorkommt – ein drohender Staatsbankrott in der Mitte ihrer Gemeinschaft –, ist aus historischer Perspektive betrachtet nichts Neues: Die Ökonomen Kenneth Rogoff und Carmen Reinhart haben alleine für die vergangenen 200 Jahre rund 320 Staatspleiten gezählt (1). Unter den Staaten, die ihre Schulden nicht zurückzahlten, finden sich Nationen wie Spanien, Dänemark, England, Japan und auch Deutschland. Zu den Spitzenreitern gehört übrigens Argentinien, das alleine zwischen 1980 und 2001 dreimal seine Schulden nicht begleichen konnte. Nach einem Blick in die Geschichtsbücher darf man also auch als Bürger eines vermeintlich reichen Industriestaates eigentlich nicht überrascht sein, wenn das Heimatland den Schuldendienst einstellt.

Wann aber ist ein Staat pleite? Bei Privatpersonen und Unternehmen lässt sich das einfach feststellen: Sobald ein Unternehmen (oder eine Privatperson) nicht mehr in der Lage ist, seine (bzw. ihre) Schulden zu bedienen (also Zinsen zu bezahlen) oder sie zurückzuzahlen, ist es (oder sie) insolvent. Denkt man aber einen Moment nach, so stellt man fest, dass es einen entscheidenden Unterschied zwischen Unternehmen, Privatpersonen und Staaten gibt: Ein Staat kann sich jederzeit neue Einnahmen verschaffen. Wenn ein Unternehmen seine Schulden nicht zurückzahlen kann, so liegt das daran, dass seine Einnahmen nicht ausreichen, um seine Rückzahlungsverpflichtungen zu erfüllen. Es kann seine Einnahmen nicht einfach steigern. Ein Staat hingegen kann im Zweifelsfall neue Einnahmen generieren, indem er die Steuern erhöht, die ja seine Einnahmen darstellen. Steuern sind schließlich nach der Legaldefinition in § 3 der Abgabenordnung definiert als «Geldleistungen, die nicht eine Gegenleistung für eine besondere Leistung darstellen (...)». Mit anderen Worten, Steuern sind Zahlungen an den Staat ohne Anspruch auf eine Gegenleistung des Staates. So gesehen kann ein Staat nicht insolvent werden: Braucht er mehr Geld, um seine Schulden zu begleichen, so kann er einfach die Steuern erhöhen.

Ganz richtig ist der letzte Satz allerdings nicht, wenn sich der Staat gegenüber dem Ausland verschuldet. Leiht sich der Staat Geld von seinen eigenen Bürgern, so tut er das ja in derselben heimischen Währung, in der auch seine Steuern bezahlt werden. Also: Der Staat leiht sich von seinen Schuldnern Geld in inländischer Währung, und wenn er dieses zurückzahlen muss, kann er die Steuern erhöhen, welche die Bürger ebenfalls in inländischer Währung zahlen, und mit den Steuereinnahmen begleicht der Staat seine Schulden. Diese Art der Staatsschuld nennt man *interne* oder *inländische Verschuldung*. Verschuldet sich der Staat hingegen in ausländischer Währung (diese Form wird *externe Verschuldung* genannt), dann wird es für ihn schwieriger, die Schuld zu begleichen. Argentinien hat sich beispielsweise oft im Ausland Dollar geliehen, musste diese Schulden natürlich auch in Dollar zurückzahlen, konnte sie jedoch nicht direkt und unmittelbar über höhere Steuern von seinen Bürgern eintreiben. Kann ein Staat seine Verschuldung gegenüber dem Ausland nicht zurückzahlen, so ist er ebenso insolvent wie Unternehmen oder Privatpersonen, die ihre Schulden nicht zurückzahlen können.

Diese Unterscheidung zwischen inländischer und ausländischer Verschuldung (respektive interner und externer Verschuldung) ist wichtig, wenn man über die Folgen der Staatsverschuldung und die Wege aus der Verschuldung nachdenkt. Es ist vor allem die externe Staatsverschuldung, die in der Öffentlichkeit Wellen schlägt, weil dann ein Staat der Weltöffentlichkeit erklären muss, dass er seine Schulden gegenüber anderen Mitgliedern der Staatengemeinschaft nicht zurückzahlen wird, und dass Ausländer also die Zeche für eine gescheiterte Politik des Schuldnerlandes zahlen müssen. Deutsche Anleger beispielsweise, die in der Vergangenheit Argentinien Geld geliehen hatten, kennen dieses Gefühl zur Genüge. Der öffentliche Fokus auf die externe Verschuldung darf jedoch nicht darüber hinwegtäuschen, dass es trotz der Fähigkeit des Staates, seine inländische Verschuldung über höhere Steuern zu beseitigen, in den vergangenen 200 Jahren viele Staatspleiten gab, bei denen der Staat seine Schulden auch gegenüber den eigenen Bürgern nicht zurückzahlte. Von den eingangs erwähnten 320 Staatspleiten waren das rund 70 Fälle in den letzten 200 Jahren.

2. Die Messung von Staatsverschuldung

Ein Staatsbankrott ist die Endstation auf einem langen Weg, der wie viele lange Wege mit einem ersten Schritt beginnt, nämlich mit der jährlichen Aufstellung des Staatshaushalts. Dort werden die Einnahmen und Ausgaben des Staates erfasst, und die Differenz zwischen den Einnahmen und den Ausgaben ist, sofern die Ausgaben höher als die Einnahmen sind, das *Budgetdefizit*. Natürlich können die Einnahmen des Staates auch größer sein als seine Ausgaben, dann spricht man von einem Budgetüberschuss. Das gab es in der Bundesrepublik Deutschland sehr selten, beispielsweise in den fünfziger Jahren. In der Regel übertreffen aber die Ausgaben die Einnahmen und das Budgetdefizit muss mit Krediten, also Neuschulden, finanziert werden. Nicht selten wiederholt sich dieses Spiel jedes Jahr aufs Neue.

Die letzte Bemerkung birgt eine wichtige Erkenntnis: Das Budgetdefizit wird pro Jahr ermittelt, es ist eine so genannte Stromgröße, die sich immer auf einen bestimmten Zeitraum bezieht (in der Regel ein Haushaltsjahr). Das Gegenteil einer Stromgröße ist eine Bestandsgröße wie der *Schuldenstand*, also die Summe aller Defizite (Schulden). Diese Zahl hat unabhängig vom betrachteten Zeitraum stets die gleiche Aussagekraft. Das Budgetdefizit und der Schuldenstand stehen naturgemäß in einem engen Zusammenhang: Der Schuldenstand ist die Summe aller über die Jahre angehäuften Budgetdefizite. Mit anderen Worten, die Schulden, die ein Staat jedes Jahr (netto) neu macht, werden zu den Schulden der vergangenen Jahre hinzuaddiert und ergeben den Schuldenstand.

Doch die absoluten Zahlen zum Budgetdefizit und zum Schuldenstand sagen kaum etwas darüber aus, ob diese Schuldenlast ein Problem für den Staat werden kann. Damit man das Ausmaß der Staatsverschuldung und die potentielle Gefahr, die davon ausgeht, einschätzen kann, muss man die absoluten Werte ins Verhältnis setzen zur wirtschaftlichen Leistungsfähigkeit eines Landes. Der Gedanke ist einfach: Je leistungsfähiger ein Staat ist, umso leichter kann er seine Schulden zurückzahlen. Hier passt der Vergleich mit der Privatwirtschaft: wie ein Unternehmen, das viel Geld verdient, höhere Schulden machen kann, kann auch ein Staat, der viel erwirtschaftet, seine Schulden leichter zurückzahlen.

Was aber erwirtschaftet ein Staat? Nimmt man wie international üblich, den Wert aller innerhalb eines Jahres im Land hergestellten Güter und Dienstleistungen – genannt Sozialprodukt oder Bruttoinlandsprodukt (BIP) – als Indikator für die wirtschaftliche Leistungsfähigkeit eines Landes, so erhält man die wohl bekanntesten Größen, mit deren Hilfe man die Leistungsfähigkeit eines Staates messen kann. Um eine Einschätzung der Schuldenlast zu erhalten, setzt man die Schulden eines Landes ins Verhältnis zu seiner wirtschaftlichen Leistungsfähigkeit (das BIP) und erhält auf diesem Weg zwei Kennzahlen: die Defizitquote und die Schuldenstandsquote. Die *Schuldenstandsquote* ist das Verhältnis zwischen dem Schuldenstand eines Landes und dem Sozialprodukt. Eine Schuldenstandsquote von beispielsweise 50 Prozent bedeutet, dass die Schulden eines Landes die Hälfte der jährlichen wirtschaftlichen Leistungsfähigkeit betragen. Die *Defizitquote* ist das Verhältnis des Budgetdefizits eines bestimmten Jahres zum Bruttoinlandsprodukt desselben Jahres. Eine Defizitquote von beispielsweise drei Prozent besagt, dass sich ein Land in Höhe von drei Prozent seiner jährlichen Wirtschaftskraft neu verschuldet.

Welche Aussagekraft haben die beiden Kennzahlen? Die Aussagekraft der Schuldenstandsquote ist eher begrenzt, weil hier eine Bestandsgröße (der Schuldenstand) ins Verhältnis gesetzt wird zu einer Stromgröße (dem Sozialprodukt, das jährlich ermittelt wird). Der Schuldenstand ist ein Rückblick, das Resultat vergangener Tage, während das Sozialprodukt die Bestandsaufnahme der aktuellen, heutigen Leistungsfähigkeit ist – beides muss nicht notwendigerweise zueinander passen. Im besten Fall gibt die Schuldenstandsquote an, wie lange es dauern könnte, bis der Staat seine Schulden abgetragen hätte, wenn sich weder der Schuldenstand noch das Sozialprodukt in den kommenden Jahren verändern würden. Als alleiniger Indikator für die Bedeutung und die Schwere der Staatsverschuldung eines Landes eignet sich die Schuldenstandsquote allerdings nicht, denn ein internationaler Vergleich ergibt, dass Länder mit recht unterschiedlichen Schuldenstandsquoten leben können. Im Jahr 2010 hatte Deutschland zum Beispiel eine Schuldenstandsquote von 83 Prozent des Sozialprodukts, Spanien dagegen lag bei 60 Prozent, Italien bei 119 und Japan sogar bei 220 Prozent (2).

Besser geeignet ist da schon die Defizitquote, also das Verhältnis zwischen den beiden Stromgrößen Budgetdefizit und Sozialprodukt. Der jährliche Aufbau von Schulden wird hier in Relation gesetzt zu der jährlichen Leistung einer Volkswirtschaft. Die Aussagekraft dieser Kennziffer liegt auf der Hand: Je größer die Leistungskraft eines Landes ist, umso mehr Verschuldung kann es sich leisten, weil es diese (zumindest potentiell) dank seiner im Sozialprodukt dokumentierten Leistungsfähigkeit zurückzahlen kann.

Ein perfekter Indikator für die Solidität der öffentlichen Haushaltsführung ist aber auch diese Quote nicht, denn es fehlt der Aspekt der *Mittelverwendung*. Wofür der Staat die Kredite ausgibt, spielt eine wichtige Rolle bei der Frage, ob der Staat seine Schulden später zurückzahlen kann. Genau so, wie der Sachbearbeiter einer Bank bei der Vergabe eines Privatkredites danach fragt, wofür der Schuldner das geliehene Geld ausgeben will, muss man den Staat fragen, wofür er sich Geld leiht. Gibt der Staat das geliehene Geld für Investitionen aus, die länger-

fristig ein höheres Wachstum und damit ein steigendes Sozialprodukt versprechen, so ist diese Form der Staatsverschuldung
weniger bedenklich, da das höhere Sozialprodukt eine spätere
Rückzahlung der Schulden erleichtert oder überhaupt erst möglich macht. Wird das geliehene Geld hingegen in unproduktive
Verwendungen gesteckt – in Griechenland beispielsweise wurde
damit unter anderem ein überdimensionierter Beamtenapparat
finanziert –, so muss man fragen, woher der Staat später die
wirtschaftliche Kraft nehmen will, seine Schulden zurückzuzahlen. Wer einen Kredit aufnimmt, um damit in Urlaub zu fahren,
hat eine andere Position gegenüber seiner Bank als jemand, der
mit diesem Kredit eine Ausbildung finanziert.

Dieser Überlegung trägt eine weitere Kennziffer Rechnung,
der *Primärsaldo*. Der Primärsaldo ist die Differenz zwischen
den Einnahmen des Staates und seinen Ausgaben ohne Berücksichtigung der Zinsausgaben für aufgelaufene Staatsschulden.
Die Idee hinter dem Primärsaldo ist einfach: Zinszahlungen gehören nicht zu den Kernaufgaben eines Staates. Wenn die Einnahmen des Staates ausreichen, um all seine Kernaufgaben zu
finanzieren, so ist der Primärsaldo Null. Der Staat muss dann
keine neuen Schulden aufnehmen, um seine Kernaufgaben zu
finanzieren. Ist der Primärsaldo positiv, bleiben dem Staat nach
der Finanzierung all seiner Aufgaben noch Steuergelder übrig,
um die Zinsen auf seine Schulden zu zahlen. Ein negativer Primärsaldo dagegen bedeutet, dass der Staat nicht nur Kredite
aufnehmen muss, um seine Kernaufgaben zu erfüllen, er muss
darüber hinaus auch einen Kredit aufnehmen, um seine Zinszahlungen auf bereits bestehende Schulden zu zahlen. Je länger
ein Staat einen negativen Primärsaldo aufweist, umso größer
wird deswegen der Schuldenberg, den er anhäuft.

Eine weitere Kennziffer für die Staatsschuldenlast, die auch
das Bundesverfassungsgericht verwendet, ist die *Zins-Steuer-
Quote*. Sie gibt an, welcher Anteil der Steuereinnahmen für
Zinszahlungen verwendet werden muss und somit nicht zur Finanzierung der eigentlichen Staatsaufgaben zur Verfügung
steht. Eine Zins-Steuer-Quote von rund 13 Prozent für das Jahr
2010 bedeutet, dass 13 Prozent der Steuereinnahmen der Bun-

desrepublik Deutschland im Jahr 2010 erforderlich waren, um
die Zinsen auf die Staatsschuld zu finanzieren (3). Je höher diese
Quote ist, umso größer ist der Anteil der Steuereinnahmen, der
bereits für Zinszahlungen verplant ist, und umso geringer ist
der finanzpolitische Spielraum eines Staates. Analog wird auch
die *Zins-Ausgaben-Quote* verwendet, die den Anteil der Zinsausgaben des Staates an seinen Gesamtausgaben wiedergibt
und damit anzeigt, welcher Anteil der aktuellen Staatsausgaben
nicht zur freien Verfügung steht, weil der Staat Zinsen auf frühere Schulden zahlen muss.

3. Offene und versteckte Staatsverschuldung

Die genannten wichtigsten Kennziffern zur Messung der Staatsverschuldung haben eine gemeinsame Schwäche, die erheblich
ist: Sie beziehen sich nur auf die *explizite Verschuldung*, also auf
diejenigen Schulden, die der Staat offiziell als Schulden in seinem Haushalt ausweist. Leiht sich der Staat Geld auf den Fi-
nanzmärkten, so werden diese Kredite als Schulden in den entsprechenden Haushalten verbucht und tauchen auch als solche
bei der Ermittlung der Kennziffern zur Staatsverschuldung auf.

Neben dieser expliziten Verschuldung existiert aber noch eine
implizite Verschuldung, die auch als *versteckte Staatsverschuldung* bezeichnet wird, weil sie im jährlichen Haushaltsbudget
nicht auftaucht. Ein einfaches Beispiel zur Illustration: Wenn
der Staat heute seinen Bediensteten höhere Pensionen verspricht, so entstehen ihm daraus in Zukunft höhere Zahlungsverpflichtungen in Form dieser höheren Pensionen. Grundsätzlich gilt das für jedes Zahlungsversprechen, das der Staat seinen
Bürgern gibt: Was er ihnen heute verspricht, muss er morgen
zahlen, und das ist nichts anderes als Verschuldung – schließlich
schuldet der Staat es seinen Bürgern, diese Versprechen auch zu
halten. Alle Pensionszusagen des Staates an seine Beamten sind
daher nichts anderes als eine Verschuldung des Staates gegenüber seinen Bediensteten. Nur wird diese Form der Verschuldung nicht in den öffentlichen Haushalten von Bund, Ländern
und Gemeinden ausgewiesen und findet sich damit auch nicht

in der offiziellen Schuldenquote wieder – es handelt sich um implizite, versteckte Staatsverschuldung.

Grund dafür sind die Regeln der öffentlichen Buchführung, die an vollzogenen Zahlungen orientiert ist. In vereinfachter Form kann man sagen, dass in öffentlichen Haushalten nur Geschäftsvorfälle erfasst werden, die unmittelbar zu Auszahlungen führen. Künftige Zahlungsverpflichtungen hingegen schlagen sich in der öffentlichen Buchhaltung nicht nieder. Zu letzteren gehören neben den Beamtenpensionen auch die Verpflichtungen des Staates im Rahmen der gesetzlichen Rentenversicherung, der Pflegeversicherung und der Krankenversicherung. Diesen Sozialversicherungen ist gemeinsam, dass der Staat den Bürgern für die Zukunft Leistungen zusichert, die er erbringen muss, für die er aber zum gegenwärtigen Zeitpunkt keinerlei Rücklagen gebildet hat und die er auch nicht budgetiert Somit enthalten auch die Sozialversicherungen eine implizite Schuld des Staates gegenüber den künftigen Leistungsempfängern.

Die Höhe der impliziten Staatsschuld wird anhand der Methode der *Generationenbilanzierung* geschätzt, welche die gegenwärtige und zukünftige Abgabenbelastung aller Bürger eines Landes ihren gegenwärtigen und zukünftigen Ansprüchen an den Staat gegenüberstellt. Um die zukünftigen Ansprüche und Abgaben miteinander vergleichbar zu machen, muss man sie auf den Gegenwartswert abzinsen, also dem Umstand Rechnung tragen, dass 100 Euro heute (wegen alternativer zinstragender Anlagemöglichkeiten) mehr wert sind als 100 Euro in zehn Jahren. Vereinfacht gesagt macht man Folgendes: Man zählt zuerst alle heutigen und zukünftigen Abgaben aller Bürger zusammen und zinst sie auf ihren heutigen Wert ab, dann zählt man alle heutigen und zukünftigen Ansprüche der Bürger an den Staat zusammen und zinst diese ebenfalls auf die Gegenwart ab. Falls der Gegenwartswert der Leistungsversprechen des Staates höher ist als derjenige der Abgabenzahlungen, besteht eine implizite Staatsverschuldung in Höhe dieser Differenz.

Während die explizite Staatsverschuldung also das Ergebnis vergangener Haushaltsdefizite darstellt, ist die implizite Staats-

verschuldung sozusagen das Ergebnis zukünftiger Haushaltsdefizite und gibt damit an, welche nicht finanzierten Verbindlichkeiten den Staat in Zukunft erwarten. Der Freiburger Finanzwis-
senschaftler Bernd Raffelhüschen hat anhand dieses Konzepts
ermittelt, dass die Verschuldung der Bundesrepublik Deutschland für das Jahr 2008 insgesamt fast 315 Prozent des Sozialprodukts betrug. 63 Prozentpunkte davon entfielen auf die explizite,
also offen ausgewiesene Staatsverschuldung, die restlichen 251
Prozentpunkte resultierten aus der impliziten Staatsverschuldung. Um es deutlicher zu sagen: Wollte die Bundesrepublik
Deutschland heute mit einem Schlag sich aller ihrer Schulden
(also der expliziten und der impliziten) entledigen, so müssten
wir mehr als drei jährliche Sozialprodukte bezahlen (5). Damit
steht Deutschland international im Mittelfeld: Für die Vereinigten Staaten schätzt man die implizite Staatsverschuldung auf
567 Prozent, diejenige Großbritanniens auf 530 Prozent und
diejenige Frankreichs auf 255 Prozent. Die Schweiz weist als einer der wenigen Staaten eine implizite Staatsschuld von minus
155 Prozent aus – die Generationenbilanz der Schweizer pro-
gnostiziert also zukünftige Budgetüberschüsse in Höhe von an-
derthalb Sozialprodukten heutigen Werts (6).

Allerdings kämpft die Schätzung der impliziten Staatsverschuldung mit einigen methodischen Problemen, welche die
Ergebnisse angreifbar machen. Da ist zunächst einmal die Abzinsung der zukünftigen Zahlungen und Leistungen auf den heutigen Wert. Je nachdem, welchen Zinssatz man als Abzinsungs-
faktor verwendet, ändern sich die Ergebnisse deutlich. Wenn der
Staat beispielsweise in zehn Jahren 5000 Euro an einen Bürger
zahlen muss, so sind diese 5000 Euro bei einem Zinssatz von
jährlich zwei Prozent dann so viel wert wie heute 4101 Euro
(oder andersherum, eine Spareinlage von 4101 würde bei zwei
Prozent Zinsen p. a. in zehn Jahren auf 5000 Euro anwachsen).
Verdoppelt sich der Zinssatz auf vier Prozent, so sind die gleichen 5000 Euro in zehn Jahren nur noch so viel wert wie heute
3378 Euro. Je nachdem, welchen Zinssatz man also verwendet,
um die zukünftigen Zahlungen auf den heutigen Tag abzuzinsen
(was man aber machen muss, um sie vergleichbar zu machen),

können sich die Ergebnisse deutlich ändern. Je höher der verwendete Zinssatz, umso geringer wird die implizite Staatsverschuldung aus den zukünftigen Verpflichtungen.

Eine weitere Schwachstelle bei der Berechnung der impliziten Staatsverschuldung ist der Zeithorizont: Wie weit wollen wir in die Zukunft schauen, wenn wir die zukünftigen Einnahmen und Ausgaben des Staates zusammenzählen? Viele Studien betrachten 50 oder 75 Jahre, andere legen keinen Endpunkt fest und wagen sozusagen den Blick in die Unendlichkeit, wobei allerdings sehr weit in der Zukunft liegende Zahlungen aufgrund der Abzinsung mit einem verschwindend geringem Gewicht in die Berechnungen eingehen. Ebenfalls erschwert wird die Berechnung der impliziten Staatsschuld dadurch, dass man bei diesem Blick in die Zukunft Annahmen über Bevölkerungsentwicklung und Wachstum des Sozialprodukts machen muss – und mit jeder Veränderung dieser Annahmen variiert auch das Ergebnis.

Der wichtigste Einwand gegen die hier dargestellte Berechnung der impliziten Verschuldung aber besteht darin, dass sie immer nur eine Momentaufnahme der aktuellen Finanzsituation ist. Der Grund dafür ist rasch gefunden: Die zukünftigen Ausgaben und Einnahmen des Staates beruhen auf den aktuellen Gesetzen, und wenn sich diese ändern, dann ändern sich nicht nur die aktuellen, sondern auch die zukünftigen Einnahmen und Ausgaben. Ein Beispiel: Nehmen wir an, jedem Beamten stünde laut der aktuellen Gesetzgebung eine jährliche Pension von 25 000 Euro zu. Bei der Berechnung der impliziten Staatsschuld wird dieser Wert für den Berechnungszeitraum und pro Pensionär auf den heutigen Gegenwert abgezinst. Ändert der Staat aber nun die Gesetzgebung und kürzt die Beamtenpensionen, so reduziert er damit automatisch seine zukünftigen Ausgaben, mit entsprechenden Folgen für die implizite Staatsschuld – diese sinkt dann. Die implizite Staatsschuld ist also stets nur eine Momentaufnahme, die zeigt, wie stark sich der Staat in Zukunft verschulden wird, wenn er die aktuelle Finanzpolitik beibehält.

Damit zeigt sich ein wichtiger Unterschied zwischen der expliziten und der impliziten Staatsverschuldung: Explizite Verschuldung kann der Staat entweder durch eine Rückzahlung der Schulden an die Gläubiger oder aber durch eine Zahlungsverweigerung (einen Staatsbankrott) beseitigen. Implizite Schulden hingegen kann er über finanzpolitische Reformen reduzieren, welche die zukünftigen Ausgaben des Staates vermindern oder seine zukünftigen Einnahmen erhöhen. Wenn der Staat die Beamtenpensionen, die gesetzliche Rente oder die Leistungen aus der gesetzlichen Kranken- und Pflegeversicherung kürzt, dann reduzieren diese Maßnahmen die implizite Staatsverschuldung. Man könnte diese Vorgehensweise mit einer gewissen Berechtigung auch als einen versteckten, teilweisen Staatsbankrott bezeichnen, denn schließlich nimmt der Staat hierbei früher getätigte Zahlungsversprechen zurück.

Die implizite Staatsverschuldung entsteht also dadurch, dass der Staat seinen Bürgern Zahlungsversprechen macht – wie aber nimmt er seine expliziten, offen ausgewiesenen Schulden auf? Diese Frage wollen wir im nächsten Abschnitt klären.

4. Anleihen, Obligationen, Schatzbriefe

Grundsätzlich nimmt der Staat seine Schulden an den internationalen Kapitalmärkten über so genannte *Staatsanleihen* auf. In Deutschland sind das beispielsweise die *Bundesanleihen*, in Großbritannien die *Gilts*, in den Vereinigten Staaten die *Treasuries*. Eine Staatsanleihe ist ein verbriefter Kredit. Der Kreditgeber überlässt dem Staat Geld und erhält im Gegenzug ein Wertpapier – die Staatsanleihe –, auf dem festgehalten wird, welchen Betrag er dem Staat geliehen hat (*Nennwert*), welchen Zinssatz der Staat für die Überlassung dieses Betrages zahlt (*Nominalzins*) und nach welchem Zeitraum der Staat das geliehene Geld wieder zurückzahlen wird (*Laufzeit*). In Deutschland haben die Anleihen in Abhängigkeit von ihrer Laufzeit verschiedene Namen:

– Wer in eine *Tagesanleihe* des Bundes investiert, kann sein Geld täglich abrufen, es jedoch auch beliebig lange in dieser Anlageform parken. Der Zinssatz für diese Anleihe wird täglich berechnet und orientiert sich am Durchschnittszins im Interbankenhandel, dem so genannten EONIA-Satz.

- Eine Laufzeit von einem oder zwei Jahren haben die *Finanzierungsschätze des Bundes*. Sie sind so genannte Diskontpapiere, die keine laufende Zinszahlung bieten. Stattdessen wird der Kaufpreis vorab um den Zinsbetrag reduziert. Man erwirbt Finanzierungsschätze also zum Nennwert abzüglich der Zinsen. Wer beispielsweise einen einjährigen Finanzierungsschatz mit einem Nennwert von 1 000 Euro mit 1,6 Prozent Rendite erwirbt, kauft diesen zum Erwerbspreis von 984,26 Euro und erhält nach einem Jahr 1 000 Euro zurück. Die Verzinsung entspricht damit der Differenz zwischen dem Nennwert und dem Erwerbspreis.
- *Bundesobligationen* haben eine Laufzeit von fünf Jahren. Der Zinsbetrag wird jährlich ausgezahlt. Bundesobligationen werden an der Börse gehandelt – damit kann ein Anleger diese auch börsentäglich verkaufen, anstatt auf die Rückzahlung in Höhe des Nennwerts am Ende der Laufzeit zu warten (mehr dazu siehe unten).
- *Bundesschatzbriefe* haben eine Laufzeit von sechs (Typ A) bzw. sieben (Typ B) Jahren. Dabei steigt die Verzinsung des Schatzbriefes jedes Jahr. Bei Typ B werden die anfallenden Zinsen postwendend in den Schatzbrief reinvestiert, bei Typ A werden sie jährlich ausgeschüttet.
- *Bundesanleihen* gibt es mit Laufzeiten von zehn und dreißig Jahren, die Zinsen werden jährlich ausgeschüttet. Bundesanleihen werden ebenfalls an der Börse gehandelt.
- Weitere Wertpapiere des Bundes sind *Bundesschatzanweisungen* (zwei Jahre Laufzeit, börsengehandelt), *inflationsgeschützte Bundeswertpapiere*, deren Zins- und Tilgungszahlungen an die Inflationsrate gekoppelt sind, *unverzinsliche Schatzanweisungen* (*Bubills*, das sind Diskontpapiere mit einer Laufzeit von 3, 6, 9 oder 12 Monaten) und *US-Dollar Bundeswertpapiere* (Staatsanleihen, die auf US-Dollar lauten).

Die Anteile dieser verschiedenen Anleihen am gesamten deutschen Emissionsvolumen des Jahres 2010 zeigt Abbildung 1.

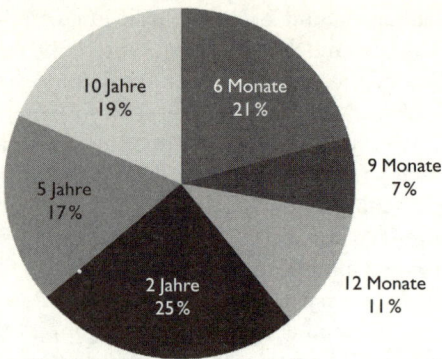

Abbildung 1: Anteile der Laufzeiten am Emissionsvolumen der Finanzagentur 2010. Quelle: (7).

Die *börsengehandelten Wertpapiere* (Bundesanleihen, Bundesobligationen, Bundesschatzanweisungen) bieten Anlegern eine interessante Option: Man kauft zwar eine Bundesanleihe mit einer Laufzeit von zehn Jahren, kann diese aber bei Bedarf an der Börse auch vor Fälligkeit verkaufen. Allerdings wird der Preis, zu dem man diese Anleihe verkaufen kann, vom Nennwert der Anleihe abweichen – dieser Preis ist der *Kurswert* einer solchen Anleihe. Der Kurs der Anleihe hängt von der Nachfrage nach dem betreffenden Papier ab, die wiederum von vielen anderen Faktoren bestimmt wird, unter anderem auch vom aktuellen Zinsniveau.

Besonders wichtig bei Staatsanleihen ist der Zusammenhang zwischen dem Kurs einer Staatsanleihe und den Zinsen, die sie verspricht (Nominalzins). Ein einfaches Beispiel hierzu: Nehmen wir an, ein Anleger kauft eine einjährige Staatsanleihe zum Nennwert von 100 Euro, die einen Nominalzins von acht Prozent verspricht. Wenn der Anleger die Anleihe bis zur Fälligkeit behält, erhält er nach einem Jahr seine 100 Euro plus acht Euro Zinsen zurück. Nun hat sich aber der Anleger umentschieden und will seine Anleihe vorzeitig verkaufen (nehmen wir zur Vereinfachung an, dass er dies kurz nach dem Erwerb tut). Er bietet die Anleihe also am Kapitalmarkt an. Erwirbt jemand diese Anleihe zu einem Preis (Kurs) von beispielsweise 90 Euro, so ist das für den neuen Anleger ein gutes Geschäft: Er zahlt 90 Euro, erhält aber bei Endfälligkeit vom Staat 108 Euro zurück. Damit beträgt die Rendite des neuen Anlegers 18 Euro, das sind 20 Prozent Zinsen auf das eingesetzte Kapital von 90 Euro. Diese 20 Prozent werden als die *Effektivverzinsung* der Anleihe bezeichnet, also derjenige Zins, den der Anleger tatsächlich (effektiv) auf sein eingesetztes Kapital bekommt. Erhält der neue Anleger die Anleihe beispielsweise für 80 Euro, so steigt die Rendite bezogen auf sein eingesetztes Kapital auf 35 Prozent (die Differenz zum Fälligkeitswert sind 28 Euro, das ergibt 35 Prozent von 80 Euro).

Dieser Zusammenhang gilt grundsätzlich für alle Anleihen: Je stärker der Kurs einer Anleihe fällt, umso höher wird ihre Effektivverzinsung, und umgekehrt – also: sinkt der Kurs, so steigt die Rendite, steigt der Kurs, so sinkt die Rendite. Damit bieten börsengehandelte Anleihen Vor- und Nachteile: Der Vorteil ist, dass man diese Anleihen vorzeitig verkaufen kann, möglicherweise sogar mit einem Kursgewinn (der Kurswert kann auch über den Nennwert steigen). Der Nachteil ist, dass man auch einen Kursverlust erleiden kann, wenn man die Anleihe vor Fälligkeit verkauft. Wer seine Anleihe einfach bis zur Endfälligkeit behält, erhält dagegen den Nennwert zurück mit einer Verzinsung (Rendite) in Höhe des Nominalzinses.

Obwohl das vernünftig klingt, kann es auch eine schlechte Idee sein, eine Anleihe bis zur Endfälligkeit zu halten – nämlich dann, wenn die Zinsen für andere Anlagemöglichkeiten steigen. Betrachten wir noch einmal den Erstkäufer einer Bundesanleihe mit Nominalwert 100 Euro und acht Prozent Nominalverzinsung. Sollte er diese Anleihe bis zur Endfälligkeit halten? Das kommt darauf an: Wenn er für die 100 Euro bei einer anderen Anlagemöglichkeit zehn Prozent Zinsen erhalten könnte, dann kann es vorteilhaft sein, dafür die Anleihe auch mit Kursverlust zu verkaufen, solange die zusätzlichen Gewinne aus der Alternativanlage die Verluste aus dem Verkauf übersteigen.

Für den Staat hat dieses Kalkül der Anleger eine wichtige Konsequenz: Wenn den Anlegern bei anderen Investments höhere Zinsen winken, dann kaufen sie keine Staatsanleihen mehr oder verkaufen diese sogar. In der Folge sinken die Kurse dieser Anleihen, und ihre effektive Verzinsung steigt. Auf diesem Weg führen steigende Zinsen in der Wirtschaft und auf dem allgemeinen Kapitalmarkt auch zu steigenden effektiven Zinsen auf Staatspapiere. Wenn der Staat dann neue Anleihen begeben will (also neue Schulden aufnehmen möchte), muss er einen höheren Nominalzins bieten als vorher, um genügend Käufer für seine Anleihen zu finden. Schuldenmachen wird dann für den Staat teurer.

Damit haben wir einen ersten Bestimmungsfaktor für die Höhe der Zinsen gefunden, die der Staat den Anlegern bieten muss, damit sie ihm Geld leihen: Je höher die Renditen sind, die andere Wertpapiere abwerfen, umso höhere Zinsen muss auch der Staat seinen Anlegern bieten. Doch nicht nur das aktuelle Zinsniveau bestimmt die Höhe der Zinsen, die der Staat bieten muss. Die folgenden Faktoren sind ebenfalls von großer Bedeutung für die Höhe der Nominalverzinsung:

– Die *Laufzeit* einer Anleihe. Je länger die Laufzeit einer Anleihe, desto höher der Zins, den der Staat zahlen muss. Je länger Anleger auf ihr Geld zugunsten des Staates verzichten sollen, umso höher ist normalerweise die Entschädigung, die sie dafür verlangen.
– Die Höhe der *Inflationsrate*. Je höher die Inflationsrate ist, umso stärker wird im Zeitablauf das Geld entwertet, das man dem Staat geliehen hat – also fordert man als Gläubiger zum Ausgleich höhere Nominalzinsen.
– Die *Bonität* eines Staates, also die vermutete Fähigkeit des Staates, seine Schulden wieder zurückzuzahlen. Je größer die Gefahr ist, dass der Staat seine Schulden in absehbarer Zeit nicht mehr begleichen kann, umso höher ist der Zins, den die Anleger verlangen. Der hohe Zins enthält dann eine *Risikoprämie*. Die Bonität eines Staates hängt maßgeblich von den Bonitätsurteilen des Marktes und der Marktbeobachter ab. In institutionalisierter Form werden diese Urteile von den *Rating-Agenturen* erteilt (mehr dazu in Abschnitt 6).
– Die *Erwartungen* der Anleger hinsichtlich der zukünftigen In-

flationsrate und der Bonität des Staates. Diese Erwartungen sind auf den *Terminmärkten* ablesbar, also auf demjenigen Teil des Kapitalmarktes, auf dem Geschäfte mit Durchführung und Wirkung zu einem späteren Zeitpunkt abgeschlossen werden. Man kann dort beispielsweise das Recht erwerben, ein Wertpapier zu einem späteren Zeitpunkt zu einem bereits feststehenden Preis zu kaufen oder zu verkaufen. In Bezug auf Staatsanleihen ist beispielsweise der *Bund-Future* ein Terminkontrakt auf fiktive Bundesanleihen. Vereinfacht gesagt erhält der Käufer eines Bund-Future das Recht, zu einem späteren, genau festgelegten Zeitpunkt eine vereinbarte Menge an Bundesanleihen zu einem bereits heute vereinbarten Preis zu kaufen. Der Marktpreis eines solchen Bund-Future gibt Aufschluss darüber, welche Kurse (und damit welche effektive Verzinsung) die Anleger für Bundesanleihen in den kommenden Monaten erwarten.

Diese Bestimmungsfaktoren der Zinsen auf Staatsverschuldung werden uns später noch beschäftigen, doch zuvor stellen wir noch ein paar wichtige Details der Organisation der Staatsverschuldung in Deutschland vor.

5. Organisation der Staatsverschuldung

In der Bundesrepublik Deutschland ruht die Organisation der Staatsverschuldung auf der Ebene des Bundes auf drei Pfeilern: dem Finanzministerium, der Bundesschuldenverwaltung und der Bundesbank. Das Finanzministerium vertritt die Bundesrepublik Deutschland als Schuldner (*Emittent* von Staatsanleihen) an den Kapitalmärkten. Der zentrale Dienstleister bei der Kreditaufnahme und beim Schuldenmanagement des Bundes ist seit 2001 die Bundesrepublik Deutschland – Finanzagentur GmbH (Finanzagentur). Die Agentur ist der Rechts- und Fachaufsicht des Bundesministeriums der Finanzen unterstellt und soll die Kreditaufnahme des Bundes am Markt professioneller und effektiver betreiben und Zinseinsparungsmöglichkeiten durch den Einsatz moderner Finanzinstrumente ausschöpfen. Die Finanzagentur auktioniert Anleihen des Bundes, steuert dessen Liquidität und übernimmt vielfältige weitere Aufgaben, die mit dem Auftritt der Bundesrepublik am Kapitalmarkt anfallen.

Des Weiteren führt die Agentur das *Bundesschuldbuch* – hier dokumentiert und verwaltet der Bund seine Schulden und sonstigen Verbindlichkeiten (inklusive der Schulden der so genannten Sondervermögen, mehr dazu in Kapitel III). Die Eintragung in dieses elektronisch geführte Buch ersetzt die Beurkundung einer Anleihe – statt eines Ausdrucks auf Papier ist diese nur noch elektronisch gespeichert. Das Bundesschuldbuch beinhaltet auch die Einzelschuldbuchkonten der Anleger. Dadurch können Privatanleger und Institutionen viele Wertpapiere des Bundes gebührenfrei erwerben und kostenfrei verwalten lassen. Der gebührenfreie Erwerb sowie die kostenlose Verwaltung der Anleihen machen den Eintrag ins Schuldenbuch auch für Kleinanleger attraktiv.

Die dritte Säule im Schuldenmanagement des Bundes ist die Deutsche Bundesbank. Sie erbringt verschiedene Bankdienstleistungen für den Bund. Unter anderem stellt sie die technische Plattform, auf der die Bundesanleihen im Rahmen von Auktionen verkauft werden. Bei diesen Auktionen bietet der Bund ein vorher bekannt gegebenes Volumen von Wertpapieren einer bestimmten Laufzeit an – dies wird als *Emission am Primärmarkt* (also Verkauf aus erster Hand) bezeichnet. Die Auktionsteilnehmer sind Banken, die als «Bietergruppe Bundesemissionen» bezeichnet werden und Kaufkurse für die angebotenen Wertpapiere bieten können. Am Ende der Auktion erfolgt die Zuteilung der Wertpapiere an diejenigen Bieter, die die höchsten Kurse geboten haben, jeweils zum gebotenen Kurs. Wer «Billigst» geboten hat (also den niedrigsten Kurs haben möchte), bekommt die Papiere zum Durchschnittskurs. Die Höhe des zugeteilten Volumens weicht in der Regel vom Gesamtangebot ab, da die Finanzagentur einen Teil der Emission – in der Regel etwa 18 bis 20 Prozent – anschließend selbst auf dem Kapitalmarkt, dem *Sekundärmarkt*, verkauft, wo die Anleihen nach der Emission gehandelt werden. Im Jahr 2010 gab es 73 Auktionen von Bundeswertpapieren.

Gekauft werden diese Anleihen von Banken, Brokern (professionellen Wertpapierhändlern), Pensionsfonds (Institutionen, die sich um die Altersvorsorgevermögen ihrer Mitglieder kümmern), Versicherungen, Vermögensverwaltern (die ihren Kunden eine professionelle Verwaltung ihrer Ersparnisse anbieten, also beispielsweise Fondsanbieter) sowie Hedgefonds (stark spezialisierte Vermögensverwalter für in der Regel gehobene Ansprüche).

6. Die Rating-Agenturen

Eine weitere wichtige institutionelle Besonderheit des Finanzmarktes sind die Rating-Agenturen. Bei ihnen handelt es sich um private Finanzdienstleister, die systematisch Informationen über Länder-, Branchen- und Unternehmensrisiken sammeln und diese an Hand vergleichbarer Kriterien bewerten. Sie verdichten die gesammelten Informationen über einen Emittenten (also z. B. den Staat, der die Wertpapiere begibt) oder eine Emission (ein einzelnes Wertpapier, das der Staat begibt) zu Urteilen über die Einstufungen hinsichtlich der jeweiligen Ausfallrisiken. Rating-Agenturen vergeben demnach eine Note für das Risiko, dass der Käufer einer Anleihe sein Geld nicht zurückerhält. Diese Einstufungen werden von den drei großen Rating-Agenturen Moody's, Standard & Poor's und Fitch mit Hilfe von Buchstabenkombinationen signalisiert, die von AAA (höchste Bonität) bis hin zu C (sehr große Gefahr des Zahlungsverzugs) oder D (Zahlungsverzug) reichen.

Diese Ratings haben auch rechtliche Relevanz: Banken und Wertpapierhändler sind gesetzlich verpflichtet, umso mehr Eigenkapitalvorsorge zu treffen, je niedriger die Bonität der Papiere ist, die sie halten. Es gibt zudem eine Fülle weiterer rechtlicher Vereinfachungen und Erleichterungen, wenn Wertpapiere von Agenturen positiv bewertet worden sind. Für Vermögensverwalter bietet die Investition in Papiere mit guter Bonität Rechtsschutz, weil dadurch ihre rechtlich erforderte Sorgfaltspflicht als erfüllt gilt. Jedenfalls kann ein hoher Anteil solcher Papiere vor dem Vorwurf schützen, das von den Kunden anvertraute Geld zu riskant investiert zu haben (8).

Für verschuldete Staaten haben die Ratings eine unmittelbare Bedeutung, da sich Banken sowie institutionelle und private Anleger bei der Auswahl ihrer Investments an diesen Ratings orientieren. Von Staaten mit einem schlechten Rating verlangen sie höhere Zinsen als Risikoprämie, wie weiter oben bereits erläutert. Sinkt also das Rating eines Landes, muss es Investoren höhere Zinsen bieten, damit diese auch weiterhin dem betreffenden Land Geld leihen – das kann sich je nach der Höhe der Kredite, die man aufnehmen will, rasch zu vielen Millionen Euro Mehrkosten für die Verschuldung aufsummieren.

Die Rating-Agenturen sind ein wichtiger Bestandteil moderner Kapitalmärkte, aber sie sind umstritten. Ihnen wird eine Mitverantwortung an der Finanzkrise 2008 zugeschrieben, da sie hochriskante und sehr komplizierte Wertpapierkonstruktionen privater Anbieter viel zu unkritisch bewertet hätten. Die Bewertung von Staatsanleihen durch Rating-Agenturen wird ebenfalls kritisiert. Hier gibt es Stimmen, die den Agenturen eine Mitschuld an der Euro-Krise geben: sie hätten die strauchelnden Länder vor der Finanzkrise zu optimistisch und danach zu schlecht beurteilt und damit die Refinanzierungskosten dieser Staaten nach oben getrieben.

Die Bewertung von Risiken ist jedenfalls alles andere als einfach. Es ist die Aufgabe der Rating-Agenturen, solche Bewertungen vorzunehmen, auch und gerade wenn diese Bewertungen nicht von allen Marktteilnehmern und -beobachtern geteilt werden. Jeder Anleger, jede Bank und jeder Investor hat die Möglichkeit, eigene Erwartungen zu bilden und danach seine Anlagestrategie festzulegen. Letztlich muss jeder Anleger das Risiko seiner Investition selbst tragen – und nicht die Rating-Agenturen.

Dennoch gibt es grundsätzliche ökonomische Überlegungen dazu, wie die Rating-Agenturen zu finanzieren sind. Aktuell werden die Agenturen größtenteils von denjenigen bezahlt, die sie beurteilen sollen (z. B. von den Unternehmen, die zu bewertende Anleihen begeben). Das kann einen Interessenkonflikt bei den Agenturen begründen: diejenige Institution, die zu bewerten ist und die Bewertung bezahlt, hat ein Interesse an einer möglichst guten Bewertung, da eine gute Bewertung eine niedrigere Risikoprämie und somit geringere Finanzierungskosten verspricht.

Allerdings erfordert das Interesse der Rating-Agenturen an einem langfristigen Geschäft, keine geschönten Ratings abzugeben, da sonst die Ratings nicht mehr ernst genommen werden – reine Gefälligkeitsratings kann sich keine Agentur auf Dauer leisten, auch wenn es immer wieder Hinweise auf Interessenkonflikte gibt und Lösungen vorgeschlagen werden. Eine mögliche Lösung könnte so aussehen, dass alle Emittenten von Anleihen (Unternehmen, Staaten) in einen Pool einzahlen, aus dem dann die Agenturen finanziert werden. Auf diesem Weg könnte zumindest finanziell die Unabhängigkeit der Agenturen gesichert werden (8).

II. Warum lebt der Staat auf Pump?

1. Rentabilität und Dringlichkeit

Nachdem wir uns mit einigen praktischen Aspekten zu Entstehung, Messung und Organisation der Staatsverschuldung beschäftigt haben, kommen wir nun zur grundsätzlicheren Frage, warum ein Staat sich überhaupt verschulden darf oder soll. Eine erste Begründung für Staatsverschuldung findet man, wenn man den Staat mit einem privaten Unternehmer vergleicht: Dieser nimmt einen Kredit auf, um eine Investition zu finanzieren, zum Beispiel die Anschaffung einer teuren Maschine. Aus den Erträgen der Investition tilgt er den Kredit und zahlt die Zinsen. Macht er darüber hinaus noch einen Gewinn, so hat sich diese Investition für ihn gerechnet.

Ein ähnliches Kalkül kann auch ein Staat anstellen, wenn er größere Investitionen erwägt, beispielsweise in die Infrastruktur seines Landes: Er nimmt einen Kredit auf, um damit eine Autobahn, ein Stromnetz oder andere Großprojekte zu finanzieren, und mit den Erträgen dieser Investition baut er die dafür aufgenommenen Schulden wieder ab.

Der Staat kann auf diesem Weg Projekte finanzieren, die er ohne Kredite nicht anschieben könnte. Kein Unternehmen hat genügend eigene Mittel, um Großprojekte komplett aus der eigenen Tasche zu finanzieren, und auch einem Staat würde es schwer fallen, alle Investitionen aus den laufenden Einnahmen zu bezahlen. Die Kreditaufnahme ermöglicht eine zeitliche Streckung der Projektkosten und erleichtert dadurch die Investitionstätigkeit des Staates. Insofern sind Kredite, ist die Aufnahme von Staatsschulden immer dann gerechtfertigt, wenn mit diesem Geld investive Projekte finanziert werden, von denen man sich in Zukunft Erträge verspricht.

Allerdings gibt es einen wichtigen Unterschied zwischen dem Staat als Investor und einem privaten Unternehmer: Der Unternehmer erhält die Erträge seiner Investition direkt in Form steigender Verkaufszahlen, höherer Umsätze und Gewinne – aber wie sieht das beim Staat aus? Der Staat erwirtschaftet die Erträge seiner Investitionen nicht über steigende Verkäufe, sondern indirekt über höhere Einnahmen vor allem aus Steuern: wenn die schuldenfinanzierten staatlichen Investitionen erfolgreich sind, führen sie zu einem höheren Wachstum der Volkswirtschaft, also zu einem höheren Sozialprodukt, das zu steigenden Steuereinnahmen des Staates führt und ihm die Rückzahlung der Schulden ermöglicht. Solange also die staatlichen Schulden dazu genutzt werden, wachstumsfördernde Investitionen zu finanzieren, sind sie unproblematisch, da sie sich idealerweise aus den Erträgen dieser Investitionen selbst finanzieren.

Darüber hinaus sind Staatsschulden für Investitionen auch mit Blick auf kommende Generationen gerechtfertigt. Schuldenfinanzierte Investitionen werden nämlich jeweils von den Nutzern der Investitionen mitfinanziert – das ist das so genannte *Pay-as-you-use-Prinzip*. Wie muss man sich das vorstellen? Der entscheidende Punkt an allen Investitionen, auch staatlichen, ist, dass sie über mehrere Jahre hinweg genutzt werden können. Die Autobahn, die heute gebaut wird, wird über viele Jahre und Jahrzehnte hinweg befahren. Wenn sich der Nutzen dieser Autobahn, der Nutzen aller staatlichen Investitionen, über viele Jahre hinweg erstreckt, dann ist es ökonomisch gerechtfertigt, die Kosten dafür über die entsprechende Anzahl an Jahren zu strecken – gemäß ihrer Nutzung. Da auch zukünftige Generationen etwas davon haben werden, ist es auch korrekt, sie über die Zinsen und Rückzahlung der Schulden, die man dafür aufgenommen hat, an der Finanzierung zu beteiligen.

Im konkreten Beispiel der Autobahn bedeutet das Folgendes: Der Staat finanziert eine Autobahn, die sagen wir 30 Jahre genutzt werden kann (danach ist sie durch die Nutzung sozusagen verbraucht, also abgeschrieben), mittels Staatsverschuldung, und diese Schulden werden exakt im Laufe dieser 30 Jahre über Einnahmen, z. B. aus der Mineralölsteuer, zurückgezahlt. Jede Generation von Bürgern, die diese Autobahn im Laufe der 30 Jahre nutzt, zahlt damit ihren Anteil an den Schulden entsprechend ihrer Nutzungsintensität. Die Rückzahlung der Schulden erfolgt parallel zur Nutzung der damit finanzierten Autobahn.

Die Kreditfinanzierung von Investitionen kann auch helfen, Schwellenländern den Weg in die Industrialisierung zu ebnen. Länder, die über wenig Kapital verfügen, können sich die entsprechenden finanziellen Mittel über Kredite aus dem Ausland beschaffen (externe Verschuldung). Das über Schulden im Ausland erworbene Kapital kann im Inland eingesetzt werden, um die wirtschaftliche Infrastruktur auf- und auszubauen sowie andere produktivitätsfördernde Maßnahmen anzustoßen, die zu mehr Wachstum führen. Hat man das ausländische Kapital richtig investiert, so führt die Schuldenfinanzierung zu einem höheren Sozialprodukt, und ein Teil dieser Produktionssteigerung kann anschließend ins Ausland exportiert werden, um auf diesem Weg die Auslandsverschuldung zurückzuzahlen. Auslandsverschuldung zur Finanzierung von Investitionen ist also eine Entwicklungsstrategie – die allerdings nur funktioniert, wenn das ausländische Kapital wachstumsfördernd eingesetzt wird. Wird das geliehene Kapital für unproduktive Zwecke wie Rüstung oder Vetternwirtschaft ausgegeben, kann dies in den Staatsbankrott führen. Letzteres ist oft ein Grund für die Insolvenz von Schwellenländern, vorzugsweise von autokratisch geführten Regimen und Militärdiktaturen.

Die bisherigen Argumente für die Verschuldung des Staates stellen auf die Rentabilität der Mittelverwendung ab – werden die Schulden wachstumsfördernd genutzt, so ist die Rückzahlung gesichert und die Kreditfinanzierung hinsichtlich der langfristigen Nutzung der damit finanzierten Investitionen angemessen. Ein weiteres Argument für schuldenfinanzierte Staatsausgaben stellt nicht auf die Rentabilität, sondern auf die *Dringlichkeit* der Ausgaben ab: Kriege, Naturkatastrophen oder andere Schocks (wie beispielsweise die Wiedervereinigung Deutschlands) führen zu temporär erhöhten Ausgaben, die der Staat zumeist nicht aus den laufenden Einnahmen bestreiten kann – hier bleibt nur die Möglichkeit der Staatsverschuldung.

Anstelle von Staatsverschuldung könnten die Kosten solcher einmaliger Ereignisse auch mit höheren Steuern finanziert werden – was spricht dagegen? Erstens können die Kosten so hoch sein, dass man sie unmöglich ohne gravierende negative Nebenwirkungen (wie etwa eine Wirtschaftskrise) über Steuern finanzieren könnte. Aber auch bei Ereignissen, die man über höhere Steuern noch finanzieren könnte, gibt es ein Argument für eine temporäre Erhöhung der Staatsverschuldung – die *Glättung der Belastung* der Bürger mit Steuerzahlungen. Hierbei geht es um Folgendes: Jede Steuer kostet grundsätzlich eine Volkswirtschaft mehr als nur die Steuerzahlungen. Diese Mehrbelastung wird Steuerzusatzlast genannt (im Fachjargon *Deadweight loss* oder *Excess burden*). Dabei handelt es sich um eine Belastung, der keinerlei Ertrag gegenüber steht – Ökonomen nennen das einen gesamtwirtschaftlichen Wohlfahrtsverlust. Die Zusatzlast von Steuern und der damit verbundene Wohlfahrtsverlust entstehen dadurch, dass die Bürger versuchen, der Steuer auszuweichen. Diese Ausweichreaktion führt dazu, dass die Bürger ihre wirtschaftlichen Aktivitäten ändern, also sich anders verhalten, als sie eigentlich möchten; dem Staat entgeht dadurch ein Teil des Steueraufkommens, und die Bürger sind frustriert.

Ein einfaches Beispiel dafür ist die Mineralölsteuer. Benzin wird dadurch erheblich verteuert. Um der Steuer zumindest teilweise auszuweichen, nehmen Autofahrer beispielsweise längere Fahrten in Nachbarländer in Kauf, wo das Benzin billiger ist.

Dem Staat entgehen dadurch Steuereinnahmen und die Autofahrer sammeln nutzlose Kilometer – das sind die Zusatzlasten. Fast alle Typen von Steuern lösen mehr oder weniger starke Zusatzbelastungen dieser Art aus.

Diese Zusatzbelastung steigt in der Regel mit zunehmender Steuerbelastung – je höher die Steuersätze sind, umso höher werden die damit verbundenen Zusatzbelastungen. Würden einmalige hohe Staatskosten mit kurzfristig stark steigenden Steuern finanziert, so würde dies auch zu einem starken temporären Anstieg der Zusatzbelastungen aus diesen Steuern führen. Die Alternative zu diesem Szenario ist die Schuldenfinanzierung solcher einmaliger Ereignisse, deren Tilgung im Laufe der Zeit aus den laufenden Steuereinnahmen erfolgt. Diesen Vorgang nennt man *Steuerglättung* (*Tax smoothing*). Dadurch wird die Zusatzbelastung der Besteuerung minimiert. Allerdings erfordert diese Strategie, dass die auf diesem Weg aufgebauten Schulden auch wieder abgetragen werden.

Auch aus der Perspektive der *Generationengerechtigkeit* kann eine Schuldenfinanzierung solcher einmaliger Ereignisse gerechtfertigt sein, nämlich dann, wenn zukünftige Generationen davon profitieren. Beispielhaft dafür ist die Finanzierung der Wiedervereinigung Deutschlands, von deren Folgen auch zukünftige Generationen profitieren werden. Es ist aus dieser Perspektive angemessen, sie in Form von Staatsverschuldung an den Kosten zu beteiligen. Ein ähnliches Argument kann man bei der Schuldenfinanzierung des Wiederaufbaus nach Naturkatastrophen anführen – hier kann man die Solidarität zukünftiger Generationen einfordern, sich an den Folgen einer Katastrophe, die ihre Eltern oder Großeltern getroffen hat, zu beteiligen. Schwieriger wird die Forderung nach intergenerationaler Solidarität, wenn die Elterngeneration eine Katastrophe selbst verursacht hat. Zudem unterstellt das Konzept der Generationengerechtigkeit implizit, dass es der Kindergeneration besser gehen wird als den Eltern, weswegen es ihnen leichter fallen wird, diese Last zu schultern. Das kann, muss aber nicht immer richtig sein.

2. Konjunkturpolitik

Die bislang angeführten Argumente für staatliche Verschuldung bezogen sich auf die Rentabilität der damit getätigten Ausgaben oder deren Unvermeidlichkeit. Ein anderes Argument zielt auf eine temporäre Stützung der Wirtschaft im Konjunkturzyklus ab. Es geht auf den britischen Nationalökonomen John Maynard Keynes (1883–1946) zurück, der als Begründer der staatlichen Konjunktursteuerung gilt.

Um die Politik konjktureller Verschuldung nachzuvollziehen, muss man zuerst untersuchen, wie Konjunkturkrisen entstehen können. John Maynard Keynes hat seine Theorie nach der großen Depression des Jahres 1929 entwickelt, die sich zu einer Weltwirtschaftskrise auswuchs. Auslöser einer solchen Krise können exogene Schocks sein (etwa ein Börsencrash, ein Einbruch der Exporte, eine Finanzkrise oder einfach eine Zunahme des Pessimismus in der Wirtschaft und der Bevölkerung), deren Folge ein Rückgang der Unternehmensinvestitionen oder des privaten Konsums ist. In der bis zur Weltwirtschaftskrise vorherrschenden klassischen Wirtschaftstheorie ging man davon aus, dass ein Rückgang des Konsums einerseits zu sinkenden Preisen führe, die den Konsum wiederum anheizen, und andererseits zu einem Anstieg der Ersparnisse (wenn die Bürger das Geld nicht für Konsum ausgeben, dann bleibt ihnen nur übrig, es zu sparen). Die steigenden Ersparnisse wiederum würden sinkende Zinsen und damit wieder steigende Investitionen nach sich ziehen. Damit wäre ein konjunkturbedingter Rückgang des Konsums und der Investitionen nur vorübergehender Natur und würde sich von selbst korrigieren.

Keynes hingegen zeigte, dass dies nicht notwendigerweise der Fall ist: die Produzenten können den Rückgang der Konsum- und Investitionsnachfrage mit einer Drosselung der Produktion beantworten, mit der Folge erhöhter Arbeitslosigkeit und damit weiter sinkender Einkommen. Die sinkenden Einkommen führen zu einem weiteren Konsumrückgang, der dann im schlimmsten Fall zu einer weiteren Reduktion der Produktion führt. In der keynesianischen Welt führt also ein Rückgang der Nachfrage zu sinkender Produktion (und nicht zu sinkenden Preisen), zu sinkender Beschäftigung, sinkenden Einkommen und dadurch weiter sinkender Nachfrage – die Wirtschaft droht in einen Teufelskreis zu stürzen.

Stimmt diese Diagnose, so besteht ein möglicher Ausweg darin, dass der Staat einspringt und die entstandene Nachfragelücke mit kreditfinanzierten Ausgaben füllt. Diese zusätzliche Staatsnachfrage würde die Nachfragelücke ausfüllen und damit Produktion und Beschäftigung stabilisieren. Das wäre dann eine weitere Begründung für Staatsverschuldung: In Zeiten schwacher privater Nachfrage, wenn aufgrund des Nachfrageausfalls eine Abwärtsspirale droht, füllt der Staat diese Lücke, indem er kreditfinanzierte Ausgaben tätigt, welche die Wirtschaft stützen und einen Rückgang der Produktion, der Beschäftigung und der Einkommen verhindern sollen. Eine drohende Konjunkturkrise wäre damit ein wichtiger Grund für temporäre neue Staatsverschuldung.

Die keynesianische Theorie konjunktureller Krisen hat das Weltbild der Ökonomen und ihre Politikempfehlungen nachhaltig verändert. Allerdings haben sie im Lauf der Zeit einige wichtige Erkenntnisse hinzugewonnen, die im Zusammenhang mit einer keynesianisch ausgerichteten Konjunkturpolitik zu beachten sind:

– Nicht immer ist ein Nachfrageausfall die Ursache einer Wirtschaftskrise. Die Ölpreiskrisen der siebziger und achtziger Jahre des zwanzigsten Jahrhunderts beispielsweise waren so genannte *Angebotsschocks*, deren Ursache die Verteuerung eines zentralen Produktionsfaktors war – Erdöl. In derartigen Fällen, in denen ein Nachfrageausfall nicht die Ursache der Krise ist, hilft keynesianische Konjunkturpolitik nicht weiter, sondern kann sogar schädlich sein.

– Problematisch wird keynesianische Konjunkturpolitik auch dann, wenn der Staat zu lange braucht, um seine Ausgabenprogramme auf den Weg zu bringen. Immerhin muss er zuerst erkennen, dass er ein Konjunkturproblem hat, dann muss er Entscheidungen fällen, Projekte aussuchen, Ausschreibungen tätigen, und so weiter. Bis der Nachfrageimpuls der staatlichen Ausgaben in der Wirtschaft ankommt, können so 12 bis 18 Monate vergehen, was dazu führen kann, dass die zusätzliche Nachfrage des Staats sich erst in einer bereits wieder erholenden Wirtschaft entfaltet. In der Literatur spricht man hier von *Time-lags* (Verzögerungen).

– Keynesianische Konjunkturpolitik wird auch als *antizyklische Fiskalpolitik* bezeichnet. Das bedeutet, dass der Staat sich in Krisenzeiten verschuldet, um die Nachfrage zu stützen, in Boom-Zeiten aber diese Schulden wieder abbaut und bestenfalls sogar ein Polster aufbaut, um bei der nächsten Krise wieder Mittel zur Konjunkturstützung zur Verfügung zu haben. Diese zweite, notwendige Seite antizyklischer Konjunkturpolitik, der Abbau von Schulden in guten Zeiten, wird zumeist von der Politik vernachlässigt, wenn nicht sogar ignoriert. Man verschuldet sich zwar in schlechten Zeiten, um die Konjunktur zu stützen, baut diese Verschuldung aber in guten Zeiten nicht mit unpopulären Maßnahmen ab. Dies führt zu einem dauerhaften Aufbau von Schulden. Auf die politischen Mechanismen, die dazu führen können, gehen wir im nächsten Abschnitt ausführlicher ein.

– Die kreditfinanzierten Ausgaben des Staates können einen Ausfall der privaten Nachfrage nicht dauerhaft ersetzen, sondern nur einen Nachfrageimpuls geben, die Konjunktur sozusagen anschieben. Was sie nicht können, ist dauerhafte, strukturelle Ungleichgewichte einer Volkswirtschaft beseitigen. Wenn also die Arbeitslosigkeit eines Landes durch unangemessene Lohnpolitik, einen inflexiblen, überregulierten Arbeitsmarkt oder falsche Wirtschaftspolitik entsteht, dann hilft keynesianische Konjunkturpolitik nicht – sie kann unter solchen Umständen aufgrund der damit verbundenen Verschuldung sogar kontraproduktiv wirken.

– Ein letzter Punkt ist in diesem Zusammenhang erwähnenswert. Selbst wenn der Staat in einer Rezession die Ausgaben nicht aktiv durch besondere Ausgabenprogramme erhöht, so kann dennoch ein schuldenbasierter Mechanismus zum Tragen kommen, den man als *automatischen Stabilisator* bezeichnet: In einer rezessiven Konjunkturphase sinkt ja nicht nur das Sozialprodukt, sondern auch die Steuereinnahmen gehen zurück. Hält der Staat in dieser Phase seine Ausgaben bei sinkenden Einnahmen konstant (dies ist aus konjunktur- politischer Sicht notwendig, um den Nachfragerückgang nicht noch zu verstärken), dann ergibt sich quasi von selbst ein Finanzierungsdefizit, das durch Verschuldung gedeckt werden muss. Diese konjunkturelle Verschuldung wird aber ebenfalls quasi automatisch mit dem folgenden Konjunktur- aufschwung wieder vollständig eliminiert, sofern die dann wieder reichlicher fließenden Steuermehreinnahmen nicht für zusätzliche Ausgaben verwendet werden.

Diese Punkte weisen den Weg zu einer wichtigen Unterschei- dung staatlicher Schulden: Ist die Verschuldung konjunktureller Natur, so ist sie vorübergehend – sie entsteht in Krisenzeiten und wird in guten Zeiten wieder abgebaut. Daher ist die kon- junkturelle Verschuldung auf lange Frist eigentlich unproble- matisch. Anders verhält es sich mit demjenigen Teil der Ver- schuldung, der auf Dauer angelegt ist. Allerdings kann – wie wir im vorherigen Abschnitt gesehen haben – auch dauerhafte Staatsverschuldung gerechtfertigt sein, wenn damit rentable In- vestitionen oder einmalige Ereignisse finanziert werden.

Es gibt also Teile der Staatsverschuldung, die sachlich ge- rechtfertigt und ökonomisch unproblematisch sind – aber was ist mit den Restposten? Die restliche Verschuldung, die nicht aus diesen Motiven heraus getätigt wird, bezeichnen Ökono- men als *strukturelle Verschuldung*: das sind die Schulden, die langfristig zu einem Problem werden können.

Die Höhe der strukturellen Verschuldung zu berechnen ist schwieriger, als es den Anschein hat. Der Sachverständigenrat zur Begutachtung der gesamtwirtschaftlichen Lage (die so ge- nannten Wirtschaftsweisen) hat dazu das Konzept des struktu- rellen Defizits entwickelt, das den Konsolidierungsbedarf des Staates anzeigen soll (9). Konkret werden in einem ersten Schritt aus den Einnahmen und Ausgaben der öffentlichen Haushalte einmalige *Sondereffekte* herausgerechnet, die auf außergewöhnliche Ereignisse zurückzuführen sind. Solche einmaligen Sonderausgaben stellen keinen wirtschaftspolitischen Handlungsbedarf dar, da sie nicht zu einem dauerhaften Anstieg der Staatsverschuldung führen. Im zweiten Schritt werden die staatlichen Einnahmen und Ausgaben um *konjunkturelle Einflüsse* bereinigt, da sich diese über den Konjunkturzyklus hinweg ausgleichen, sich also daraus resultierende Defizite automatisch abbauen.

Wie sehen die konjunkturellen Einflüsse auf die Staatsausgaben und -einnahmen aus? Im Einzelnen gibt es folgende Konjunktureffekte:

– *Steuern* unterliegen konjunkturellen Einflüssen: Vor allem die gewinnabhängigen Steuern, allen voran die Körperschaftsteuer und die Gewerbesteuer, sinken in konjunkturell schlechten und steigen in guten Zeiten, im Gleichschritt mit den Unternehmensgewinnen. Ähnliches gilt für die Einnahmen aus der Lohnsteuer und für die übrigen Steuern vom Einkommen (veranlagte Einkommensteuer, nicht veranlagte Steuern vom Ertrag, Zinsabschlag und anteiliger Solidaritätszuschlag). Weniger konjunkturanfällig ist demgegenüber die Umsatzsteuer, die in erster Linie den privaten Konsum belastet.
– Die Beiträge zu den *Sozialversicherungen* unterliegen auch konjunkturellen Schwankungen. Ein gutes Beispiel ist die Arbeitslosenversicherung: Im Aufschwung steigt die Beschäftigung, daher steigen die Zahl der Beitragszahler und damit die Einnahmen. Im Abschwung erhöht sich die Arbeitslosigkeit, höhere Zahlungen der Arbeitslosenversicherung sind die Folge. Aufgrund dieser Funktionsweise wird die Arbeitslosenversicherung auch als *automatischer Stabilisator* bezeichnet: In Krisenzeiten steigen die Ausgaben der Arbeitslosenversicherung, was die Einkommen der Bürger stabilisiert und damit dem Nachfrageausfall entgegenwirkt. In guten Zeiten entzieht sie den Arbeitnehmern Einkommen und wirkt damit einer Überhitzung der Wirtschaft entgegen.
– Konjunkturbedingte zusätzliche Ausgaben entstehen dem Staat in einer Krise durch Arbeitsmarktinstrumente wie beispielsweise das Kurzarbeitergeld. Allerdings sind nicht alle

Ausgaben des Staates zur Bekämpfung der Arbeitslosigkeit konjunkturbedingt, da ein Teil der Arbeitslosigkeit in Deutschland nicht konjunktureller, sondern struktureller Natur ist.

– Die Anzahl der beschäftigten Arbeitnehmer im öffentlichen Dienst ist grundsätzlich nicht konjunkturabhängig, da der Staat unabhängig von der Konjunktur entscheidet, wie viele Personen er beschäftigt. Allerdings sind die Personalkosten des Staates zumindest teilweise von der Konjunktur beeinflusst, da die Lohnentwicklung im öffentlichen Dienst derjenigen des privaten Sektors folgt – eine Konjunkturkrise kann also theoretisch auch die Personalausgaben des Staates dämpfen.

Rechnet man diese konjunkturbedingten Einflüsse aus dem Staatshaushalt heraus, so erhält man den konjunkturbereinigten Saldo, also ein um alle konjunkturellen Effekte bereinigtes Haushaltsdefizit. Nun muss man in einem dritten Schritt die dauerhaft akzeptable Kreditfinanzierung abziehen – das ist in der Konzeption des Sachverständigenrats die investitionsorientierte Verschuldung, die im vorherigen Abschnitt bereits erläutert wurde (10). Diese drei Bereinigungen nimmt der Sachverständigenrat vor, um das strukturelle Defizit zu bestimmen: Eliminieren einmaliger Effekte, Herausrechnen der konjunkturellen Effekte, Berücksichtigung der investitionsorientierten Verschuldung. Was dann übrig bleibt, ist das strukturelle Defizit. Tabelle 1 gibt einen Überblick über die Entwicklung des tatsächlichen Defizits, des strukturellen Defizits und des strukturellen Primärdefizits (also das strukturelle Defizit ohne die Zinsausgaben).

	2004	2005	2006	2007	2008	2009	2010
Budgetdefizit	-3,8	-3,3	-1,6	0,3	0,1	-3,0	-3,7
Strukturelles Budgetdefizit	-3,7	-3,1	-1,7	0,0	-0,5	-1,7	-3,0
Strukturelles Primärdefizit	-1,3	-0,8	0,4	1,8	1,3	-0,5	-1,3

Tabelle 1: Strukturelles Defizit der Bundesrepublik Deutschland in Prozent des nominalen Bruttoinlandsprodukts (2010 geschätzt); Quelle: (11).

Mit der investitionsorientierten und der konjunkturellen Verschuldung sowie der Verschuldung für einmalige Ereignisse haben wir also einige schwerwiegende Argumente, die eine Verschuldung des Staates rechtfertigen. Es handelt sich dabei um normative Konzepte, da sie Begründungen für eine als sinnvoll erachtete Staatsverschuldung liefern. Im nächsten Abschnitt stellen wir nun einige dem positiven Ansatz folgende Erklärungen vor, warum Staaten sich verschulden.

3. Staatsverschuldung im politischen Betrieb

Warum also verschulden sich Staaten? So genannte politökonomische Erklärungsansätze versuchen, die Entstehung von Staatsverschuldung über politische Prozesse zu erklären: Gibt es Mechanismen und Wirkungszusammenhänge im politischen Betrieb, die eine Zunahme der Staatsverschuldung provozieren? Hier gibt es einige sinnvolle Erklärungsansätze, auch wenn es schwierig ist, solche Ideen auf ihren Realitätsgehalt hin empirisch zu überprüfen.

Der Anfangspunkt jeder politökonomischen Analyse von Schulden besteht darin, dass Politiker ihre Politik nicht nur im Interesse des Gemeinwohls konzipieren, sondern auch mit Blick auf die nächsten Wahlen. Politiker wollen wiedergewählt werden, und um diese Wiederwahl zu erreichen, nehmen sie auch Schulden auf. Das mag zwar ökonomisch nicht immer vorteilhaft sein, ist aber politisch rational. Auf diesem Hintergrund gibt es vielfältige Erklärungsansätze für die Entwicklung der Staatsschuld und die Zusammenhänge zwischen politischen Parteien, Regierungskonstellationen und der staatlichen Kreditaufnahme.

Eine erste Idee besteht darin, dass Schulden eine attraktive politische Option sind: Die Regierung ist damit sofort in der Lage, höhere Sozialleistungen oder niedrigere Steuern oder was auch immer die Wähler wünschen, umzusetzen. Das schafft Pluspunkte für die Wiederwahl. Natürlich hat eine steigende Verschuldung auch negative Folgen, doch die Attraktivität der Verschuldungsoption liegt darin, dass die angenehmen Folgen der Verschuldung – mehr staatliche Leistungen, geringere Steuern – für Bürger und Regierung unmittelbar sichtbar und fühlbar sind, während die negativen Begleiterscheinungen und Folgen der Verschuldung, die wir später noch ausführlich besprechen werden, erstens nicht unmittelbar eintreten und zweitens von der gesamten Bevölkerung getragen werden. Die Vorteile einer schuldenfinanzierten Erhöhung der Staatsausgaben oder Senkung der Steuern kann der Politiker direkt auf einzelne Personengruppen fokussieren, von denen er hofft, dass sie darauf entsprechend an der Wahlurne reagieren. Die Kosten der Verschuldung hingegen fallen der diffusen und vorab unbestimmten Allgemeinheit zur Last.

Ein Paradebeispiel für diesen Mechanismus ist die 1995 in Deutschland eingeführte Pflegeversicherung. Mit Einführung dieser Versicherung konnte die amtierende Regierungskoalition sofort wahlstimmenwirksam Leistungen an Pflegebedürftige ausschütten, ohne dass diese etwas eingezahlt hatten. Den Beitragszahlern versicherte man, dass sie für ihre Beiträge später ebenfalls Leistungen erhalten werden – ein klassischer Fall von impliziter, versteckter Staatsverschuldung. Sollten aufgrund der demographischen Entwicklung die Mittel der Pflegeversicherung einmal nicht mehr ausreichen, so muss die Regierung entweder Leistungen kürzen, die Beiträge erhöhen oder Mittel aus den Steuereinnahmen zuschießen. Doch diese negativen Folgen der Pflegeversicherung werden erst einer späteren Regierung aufgebürdet. Dieser Fall ist bei der Pflegeversicherung mittlerweile eingetreten. Ihre Finanzierung muss auf eine neue tragfähige Grundlage gestellt werden. Aus politischer Sicht hat die Einführung der umlagefinanzierten Pflegeversicherung der Regierung übrigens wenig genutzt, möglicherweise weil die nächste Bundestagswahl erst drei Jahre später stattfand – die damals unter Helmut Kohl amtierende Regierung wurde abgewählt.

Höhere Verschuldung zur Finanzierung von höheren Sozialleistungen oder niedrigeren Steuern erscheint politisch betrachtet dennoch als attraktive Möglichkeit, die Wiederwahl zu sichern. Die ökonomische Literatur spricht von *opportunistischem Politikerverhalten*. Führt man diesen Gedanken konsequent zu Ende, so müsste die Regierung nach einer erfolgreichen Wiederwahl die Schulden jedoch (zumindest teilweise) wieder abbauen und hoffen, dass die damit zusammenhängenden unpopulären Maßnahmen bis zur nächsten Wahl vergessen sind. Das Ergebnis sind dann so genannte *politische Konjunktur-Zyklen*: Vor der Wahl steigen Verschuldung, Beschäftigung und Einkommen, die Steuern sinken und die Sozialleistungen nehmen zu, nach der Wahl kommt es hingegen zu einer Kontraktion der Wirtschaft, zu steigenden Steuern und sinkenden Sozialleistungen. Allerdings lässt dieses Erklärungsmodell die Frage offen, wie rational Wähler eigentlich sind und ob sie in der Lage sind, diese Taktik der jeweiligen Regierung zu durchschauen und sich ein eigenes Bild über die wirtschaftliche Leistungsfähigkeit der amtierenden Regierung zu machen.

Die empirische Evidenz für diese Theorie ist gemischt: So finden sich für südamerikanische Staaten, beispielsweise Kolumbien (12) oder Mexico (13), Hinweise, dass die Regierungen in der Tat vor den Wahlen die Ausgaben erhöhen. Allgemein zeigt eine Studie für Südamerika zwischen 1990 und 2004, dass Regierungen ein Jahr vor den Wahlen die Investitionsausgaben und im Wahljahr die Sozialleistungen erhöhen (14). Andere Studien zeigen, dass südamerikanische Regierungen im Jahr ihres Amtsantritts die Ausgaben reduzieren (15) – beides spricht für die These politischer Budgetzyklen. Für entwickelte Industriestaaten sind die empirischen Hinweise weniger eindeutig: Eine Analyse für 58 Schwellenländer und 27 entwickelte Staaten zwischen 1975 und 1991 zeigt, dass in den entwickelten Staaten die Budgetdefizite in Wahljahren nicht ansteigen (16), eine weitere Studie für den Zeitraum zwischen 1960 und 2001 kommt zu ähnlichen Ergebnissen (17). Ob zudem die Strategie erfolgreich ist, sich die Wiederwahl über höhere Ausgaben zu sichern, ist fraglich; eine Studie mit 74 Ländern von 1960 bis 2003 liefert keine Belege dafür, dass höhere Staatsausgaben die Wiederwahl sichern (18).

Eine andere Hypothese stellt auf die ideologische Präferenzen der Politiker ab. Demnach wird die Politik – auch die Schuldenpolitik – von parteiideologischen Interessen geprägt (*Partisan*

Approach). Dabei schreibt man linksgerichteten Parteien allgemein zu, dass sie eine größere Präferenz für Beschäftigung und soziale Belange haben und bereit sind, dafür höhere Schulden und Inflation in Kauf zu nehmen, während konservative Parteien eher auf Wachstum, Leistungsanreize und Geldwertstabilität fokussiert sind und deswegen eine Abneigung gegen zu hohe Schulden haben. Nach dieser Theorie entspricht die Länge der politisch verursachten Konjunkturzyklen nicht in jedem Fall der Länge einer Wahlperiode; es hängt jeweils davon ab, wie oft eine linke oder rechte Regierungspartei im Amt bestätigt wird. Aber auch zu dieser Theorie sind die empirischen Ergebnisse nicht eindeutig.

Ein weiterer Erklärungsansatz für die Entstehung übermäßiger Schulden können *politische Prestigeprojekte* sein, welche die herrschende Partei vorantreibt: Projekte mit politischer, emotionaler oder ideologischer Bindung, die eine amtierende Regierung umsetzen möchte. Sind diese Projekte umfangreich, so lassen sie sich nicht aus dem laufenden Steueraufkommen finanzieren, die Regierung muss also Schulden aufnehmen. Vor allem, wenn für die amtierende Regierung die Gefahr besteht, bei den kommenden Wahlen abgewählt zu werden, ist der Anreiz groß, zuvor rasch noch solche Projekte anzustoßen. Das hat für die abgehende Regierung sogar zwei Vorteile. Erstens sind angestoßene Großprojekte nur schwer von der Nachfolgeregierung zu stoppen, die abgehende Regierung kann damit ihre politischen Vorlieben in Zement gießen und die Nachfolger daran binden. Zweitens beschränkt sie durch eine übermäßige Aufnahme von Schulden für solche Projekte den Handlungsspielraum der Nachfolgeregierung und reduziert dadurch deren Möglichkeiten, Mittel für eigene politische Zwecke auszugeben. Das Ergebnis ist eine übermäßige Schuldenaufnahme zur Finanzierung politisch motivierter Projekte, die nicht immer ökonomisch sinnvoll sind. Als Beispiel für solche politisch motivierten Investitionen wird die als *Betuwelijn* bezeichnete Bahnstrecke vom Hafen Rotterdam nach Deutschland angeführt: Unabhängige Studien zeigten, dass diese Strecke wohl nie rentabel sein wird, doch die amtierende Regierung gab dem Drängen von Lobby-Gruppen, vor allem des Rotterdamer Hafens, nach (19).

Unklar ist der Einfluss von *Regierungskoalitionen* auf die Entwicklung der Staatsverschuldung. So kann eine Koalitionsregierung die Schuldensituation eines Landes leichter stabilisieren und unangenehme Budgetkürzungen durchsetzen als eine allein herrschende Partei, weil sie in der Regel eine breitere parlamentarische Mehrheit hat und die Wähler die Schuld für die unangenehmen Kürzungen nicht ausschließlich einer Partei geben. Aus dieser Perspektive wäre zu erwarten, dass Koalitionsregierungen dem Schuldenabbau eher förderlich sind und Ein-Parteien-Regierungen eine geringere Bereitschaft aufweisen, Ausgaben zu kürzen, weil ihnen die alleinige Verantwortung zugesprochen wird. Andererseits gibt es auch Gründe dafür zu vermuten, dass bei Koalitionsregierungen die Schulden zunehmen, weil jede Partei die Forderungen ihrer Wähler erfüllen will: im Ergebnis nimmt die Koalitionsregierung mehr Schulden auf bzw. tut sich mit Budgetkürzungen schwerer als die Ein-Parteien-Regierung, um den Wünschen aller beteiligten Koalitionsparteien nachzukommen. Empirisch wurden diese Überlegungen beispielsweise für die Finanzpolitik Österreichs von 1960 bis 1999 untersucht; hier ergaben sich schwache Hinweise dafür, dass Koalitionsregierungen erfolgreicher bei der Reduktion von Schulden waren (20).

Auch die föderale Struktur eines Landes kann zu einer Zunahme der Verschuldung führen, vor allem auf den untergeordneten Ebenen. Wenn die in einem Bundesstaat untergeordneten Ebenen damit rechnen können, im Fall einer Überschuldung von den übergeordneten Ebenen Hilfen zu erhalten, haben sie Anreize, sich zu hoch zu verschulden und im Insolvenzfall auf diese Hilfe zurückzugreifen. Die Hilfe übergeordneter Instanzen wird in der Literatur *Bailout* genannt. Bereits die Erwartung (und erst recht die Garantie) eines solchen Bailouts kann zu einem nachlässigen Umgang mit Verschuldung führen. Als ein (Negativ-) Beispiel für ein solches Bailout gilt ein Urteil des Bundesverfassungsgerichts aus dem Jahr 1992, in dem das Gericht den Bund und die anderen Bundesländer dazu verpflichtete, Bremen und dem Saarland finanzielle Hilfe zu leisten, da diese angesichts ihres hohen Schuldenberges unter einer «extremen Haushaltsnotlage» litten. De facto zahlten damit der Bund und die anderen Länder für die Schulden von Bremen und des Saarlands. Allerdings hat das Gericht seine Sichtweise im Berlin-Urteil aus dem Jahr 2006 beträchtlich modifiziert und dem Land Berlin keinen Anspruch auf Hilfe durch die Föderalgemeinschaft zugesprochen. Eine empirische Studie zur Verschuldung Schweizer Kantone für die Jahre von 1984 bis 2000 kam zu dem Ergebnis, dass dort ein eher dämpfender Effekt des Föderalismus auf die kantonale Verschuldung vorherrschte (21). Ob dieses Ergebnis auch auf die deutschen Verhältnisse übertragbar ist, kann nicht ohne Weiteres gesagt werden. In Kapitel V kommen wir noch einmal auf die Wirkungsweise von Bailouts zurück, dann im internationalen und insbesondere europäischen Zusammenhang.

III. Die Entwicklung der Staatsverschuldung in Deutschland

Mit Hilfe der bisher gewonnenen Erkenntnisse wollen wir nun kurz die Entwicklung der Staatsverschuldung in der Bundesrepublik Deutschland der vergangenen Jahre aufarbeiten. Für die Entwicklung der Verschuldung als Ganzes lassen sich drei Phasen unterscheiden (vgl. Abbildung 2).

Die erste Phase erstreckt sich von der Gründung der Bundesrepublik Deutschland bis Anfang der siebziger Jahre. In dieser Zeit blieb die Schuldenstandsquote mehr oder weniger konstant bei 20 Prozent des Bruttoinlandsprodukts. Mit der Währungsreform 1948 wurden die Schulden, welche die Nationalsozialisten im Inland angehäuft hatten, mehr oder weniger gestrichen – eine drastische Enteignung der deutschen Bürger. Das Grundgesetz (Artikel 115 GG) ließ eine Kreditfinanzierung von Staatsausgaben nur bei außerordentlichem Bedarf und für «werbende Zwecke» zu – Letzteres entspricht der bereits ausgeführten Idee,

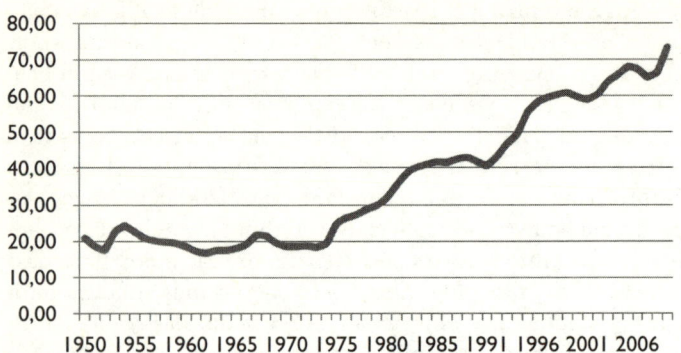

Abbildung 2: Verschuldung der öffentlichen Haushalte in Prozent des
Bruttoinlandsprodukts in der Bundesrepublik Deutschland.
Quellen: (22), (23), eigene Berechnungen.

Staatsverschuldung nur für Investitionen zuzulassen (in Kapitel
V diskutieren wir Artikel 115 GG detaillierter). Das deutsche
Wirtschaftswunder der fünfziger Jahre und eine günstige demo-
graphische Entwicklung erleichterten dem Staat eine zurückhal-
tende Haushaltspolitik mit geringer Schuldenaufnahme.

Dies ändert sich in der zweiten Phase, die etwa mit den siebziger Jahren beginnt, und deren Vorbote die Rezession von
1966/67 war: In diesen Jahren ereilte die Bundesrepublik der
erste schwerere konjunkturelle Abschwung, das reale Inlandsprodukt schrumpfte von 1966 auf 1967 und die Arbeitslo-
senquote stieg von 0,7 auf 2,1 Prozent. Die Antwort der Politik war keynesianische Konjunkturpolitik, die im *Stabilitäts-
und Wachstumsgesetz*es (StWG) von 1967 kodifiziert wurde.
Dieses Gesetz bestimmt zum ersten Mal (gleich im ersten Para-
graphen) die Ziele, welche die Haushaltspolitik des Staates ver-
folgen soll: Preisniveaustabilität, hoher Beschäftigungsstand,
außenwirtschaftliches Gleichgewicht bei angemessenem und
stetigem Wirtschaftswachstum. Um ein gesamtwirtschaftliches
Gleichgewicht zu erreichen, sieht das Gesetz unter anderem die
Schaffung einer Konjunkturausgleichsrücklage (§ 5), zusätzliche Ausgaben und Kredite bei konjunktureller Abschwächung

(§ 6) und eine Beschleunigung von Investitionsvorhaben (§ 11) vor.

Das keynesianische Konjunkturprogramm, das im Februar 1967 startete, belief sich insgesamt auf zehn Prozent der Haushaltsmittel. Fakt ist, dass die deutsche Wirtschaft bereits 1968 wieder wuchs. Umstritten ist allerdings, ob die Konjunkturpolitik der Regierung dabei eine tragende Rolle spielte, da die Impulse zur Erholung von den Exporten ausgegangen waren. Hinzu kommen die bereits diskutierten möglichen Wirkungsverzögerungen keynesianischer Politik. Dennoch: Mit dem Stabilitäts- und Wachstumsgesetz hatte der Keynesianismus seinen Siegeszug angetreten, die Konjunktur galt als beherrschbar (zur Geschichte und ökonomischen Evaluation dieses Gesetzes siehe (24)).

Sichtbarer Ausdruck dieser Haltung war auch die Änderung der Verschuldungsregeln im *Grundgesetz*: 1969 wurde verfügt, dass der Bund die Kreditaufnahme zur Abwehr einer Störung des gesamtwirtschaftlichen Gleichgewichts über die Ausgaben für Investitionen hinaus erhöhen darf. Der Keynesianismus hatte es bis ins Grundgesetz geschafft. Staatliche Kreditaufnahme war nun nicht mehr ausschließlich eine Frage der Rentabilität oder Dringlichkeit, sondern auch eine Frage der gesamtwirtschaftlichen Stabilität und damit der Konjunkturpolitik.

Ab den siebziger Jahren steigt die Schuldenstandsquote rasch an. Ursache für diesen starken Anstieg waren zum einen die neue Haltung gegenüber Schulden, die nun als legitimes Instrument der staatlichen Haushaltspolitik angesehen wurden, und zum anderen die *Ölpreiskrisen* der Jahre 1974 und 1980. Die dramatische Verteuerung eines der wichtigsten Rohstoffe führte zu steigenden Produktionskosten, steigender Arbeitslosigkeit und sinkendem Wachstum. Die Bundesregierung beantwortete diese wirtschaftspolitischen Herausforderungen mit kreditfinanzierten Ausgabenprogrammen, was die Schuldenstandsquote weiter nach oben trieb. Kritiker dieser Politik sagen, dass die keynesianischen Programme die Krise eher verschärft als bekämpft haben, da die Ölpreisschocks die Angebotsseite betrafen, die Konjunkturprogramme aber auf der Nachfrageseite ansetzten.

Das Resultat war ein Anstieg der Schuldenstandsquote von rund 19 Prozent des Sozialprodukts Anfang der siebziger Jahre auf 40 Prozent zu Beginn der achtziger Jahre. Zu diesem Zeitpunkt setzte eine wirtschaftspolitische Umorientierung ein. Das Versagen des Keynesianismus in den siebziger Jahren bereitete den Weg für eine Renaissance eher klassisch orientierter wirtschaftspolitischer Konzepte, nach denen ein zu großes Engagement des Staates und zu hohe Staatsschulden wachstumshemmend wirken. Unter der Bezeichnung *Angebotspolitik* war diese Konzeption zumindest politisch ein Erfolg, indem sie in den Vereinigten Staaten Ronald Reagan und in Großbritannien Margaret Thatcher Wahlerfolge bescherte. In der Bundesrepublik berief sich die 1982 an die Macht gekommene Regierung Helmut Kohl auf dieses Konzept, wobei aber umstritten ist, ob sie es auch wirtschaftspolitisch umgesetzt hat. Zumindest gelang es der Regierung Kohl, die Schuldenstandsquote in den verbleibenden Jahren des Jahrzehnts bei etwa 41 Prozent zu stabilisieren. Doch mit der Wiedervereinigung Deutschlands 1989 war diese Phase beendet.

Die *Wiedervereinigung* leitet die dritte Phase der deutschen Schuldengeschichte ein. Im Gefolge dieser historisch einmaligen Aufgabe stieg die Schuldenstandsquote rasch auf mehr als 60 Prozent des Bruttoinlandsprodukts zu Beginn des neuen Jahrtausends. Schätzungen gehen davon aus, dass alleine die deutsche Einheit insgesamt bis zu 1,3 Billionen Euro gekostet hat (25). Zwei schwere Rezessionen, gekoppelt mit der Finanzkrise im Jahr 2008, erhöhten den Schuldenstand dann weiter auf rund 80 Prozent des Sozialprodukts.

Mit der deutschen Einheit erlebte eine haushaltspolitische Finte eine neue Blütezeit – der Staat verstaut (man könnte auch sagen versteckt) immer mehr Schulden in so genannten *Sondervermögen*, umgangssprachlich auch als *Schattenhaushalte* bezeichnet. Der zweite Absatz von Artikel 115 des Grundgesetzes ermöglichte in seiner alten Form von 1969 die Errichtung von Sondervermögen, die nicht den Restriktionen bezüglich der Schuldenaufnahme unterliegen, die in Absatz 1 festgelegt sind. Sondervermögen sind nicht rechtsfähige Einrichtungen des Bundes, die für besondere Aufgaben geschaffen wurden. Diese Sondervermögen sind zwar Teil des Bundesvermögens, besitzen jedoch einen eigenen Haushalt. Sie sind buchhalterisch von den Bundesschulden getrennt, tauchen also in den offiziellen Zahlen zur Neuverschuldung nicht auf. Es gibt zahlreiche dieser Sondervermögen, die prominenteren darunter sind die folgenden (26):

- der *Erblastentilgungsfonds*, in dem 1995 die Altschulden der ehemaligen DDR, die Schulden der Treuhandanstalt sowie Teile der Altschulden der ostdeutschen kommunalen Wohnungswirtschaft eingestellt wurden,
- der *Investitions- und Tilgungsfonds*, ein Sondervermögen zur Konjunkturbelebung, mit dessen Hilfe der Bund 2009 rund 7,5 Milliarden Euro für die Belebung der Konjunktur im Zuge der Wirtschaftskrise 2008 aufgebracht hat und der bis zu 25 Milliarden Euro aufnehmen darf,
- der *Finanzmarktstabilisierungsfonds* (2009: 36 Milliarden Euro), der wie der Investitions- und Tilgungsfonds eine eigene Kreditermächtigung besitzt und bis zu 90 Milliarden Euro aufnehmen kann – er dient der Stabilisierung der Finanzmärkte nach der Krise 2008.

Mit der 2010 verabschiedeten Schuldenbremse (siehe dazu Abschnitt V.1) wird die Auslagerung in solche Nebenhaushalte nicht mehr möglich sein. Allerdings wird befürchtet, dass der Staat über *Public Private Partnerships* (PPP) seine Ausgabentätigkeit ausweiten und die gesetzlichen Schuldengrenzen umgehen kann. Bei solchen «Partnerschaften» übernehmen private Unternehmen staatliche Aufgaben und werden vom Staat dafür entlohnt. Je nach Modell kann es dabei zu einer versteckten Staatsverschuldung kommen, beispielsweise wenn der Staat dem Erbauer und Betreiber eines öffentlichen Projektes feste Nutzungszahlungen über einen längeren Zeitraum garantiert.

Neben den bisher genannten Details spielt auch der föderale Aufbau des Staates in die Organisationseinheiten Bund, Länder und Gemeinden für die Staatsverschuldung eine bedeutende Rolle. Das Grundgesetz enthält in der *Finanzverfassung* wich-

tige Regeln für die Ausgabenkompetenzen (Artikel 104a) sowie
die Gesetzgebungs- (Artikel 105) und Verwaltungskompetenzen
(Artikel 108) im öffentlichen Finanzwesen. Auch die Verteilung
der Steuereinnahmen auf die föderalen Ebenen ist dort festgelegt (Artikel 106 und 107).

Die öffentliche Verschuldung verteilt sich ebenfalls auf diese
föderalen Ebenen. Während Bund und Länder grundsätzlich ei-
genverantwortlich Kredite aufnehmen können, bestehen auf der
Ebene der Gemeinden institutionelle Besonderheiten, die eine
Überschuldung der Kommunen verhindern sollen. Die Einnahmen und Ausgaben der Gemeinden werden in einen Verwaltungshaushalt und einen Vermögenshaushalt getrennt. Die laufenden Einnahmen und Ausgaben einer Gemeinde werden im
Verwaltungshaushalt veranschlagt, also beispielsweise Einnahmen aus Steuern, Gebühren sowie Ausgaben für Personal, laufenden Sachaufwand, soziale Leistungen, laufende sonstige Zu-
schüsse und Zinszahlungen. Der Verwaltungshaushalt muss
grundsätzlich in jedem Jahr nach Abzug vorgeschriebener Min-
destüberschüsse ausgeglichen sein. Ist dies nicht der Fall, so
muss die betreffende Gemeinde ein Haushaltssicherungskon-
zept vorlegen, in dem sie erläutert, wie sie zu einem ausgeglichenen Verwaltungshaushalt kommen will. Verweigern die übergeordneten Aufsichtsbehörden diesem Konzept die Genehmigung,
darf die betreffende Gemeinde prinzipiell nur noch Ausgaben
tätigen, zu denen sie rechtlich verpflichtet ist.

Im *Vermögenshaushalt* werden Einnahmen und Ausgaben
verbucht, die vermögenswirksam sind, also Investitionszuwei-
sungen von Bund und Ländern, der Verkauf von Vermögen,
Kreditaufnahmen und Entnahmen aus Rücklagen und Sachinvestitionen, Darlehen, oder der Erwerb von Beteiligungen sowie
Tilgungen. In den meisten Bundesländern müssen die Kommunen sich die Kreditaufnahme zu Investitionszwecken durch die
Kommunalaufsicht genehmigen lassen und dazu die langfristige
Finanzierbarkeit des Schuldendienstes nachweisen. Eine recht
restriktive Handhabung der kommunalen Schuldenaufnahme
soll sicherstellen, dass die zur Finanzierung von Investitionen
aufgenommenen Kredite aus ordentlichen Einnahmen getilgt

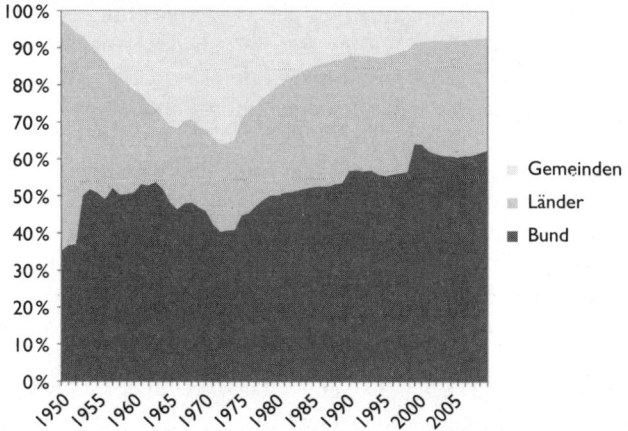

Abbildung 3: Anteile der Gemeinden, Länder und des Bundes an der Gesamt-
verschuldung in Prozent. Quelle: (22).

werden können. Allerdings zeichnet sich auch hier seit einiger
Zeit eine Entwicklung zu deutlich höherer Verschuldung ab.
Insbesondere werden so genannte Kassenkredite, die von der
Konstruktion her eigentlich nur zur kurzfristigen Überbrückung
des Auseinanderfallens von Einnahmen und Ausgaben gedacht
waren, zur quasi längerfristigen Haushaltsfinanzierung genutzt.
Da Kommunen in Deutschland nicht insolvenzfähig sind, sind
letzten Endes die jeweiligen Bundesländer für diese Entwicklung mitverantwortlich.

Abbildung 3 zeigt, dass die Bundesländer in den fünfziger
Jahren für einen Großteil der damals sehr moderaten Gesamt-
verschuldung zuständig waren. Dieser Anteil reduzierte sich in
den sechziger Jahren zulasten der Kommunen. Seit den siebziger
Jahren geht der Anteil der Kommunen an der Gesamtverschul-
dung zurück, während der Anteil des Bundes steigt. Der Schul-
denanteil der Länder ist demgegenüber mehr oder weniger konstant geblieben.

Die *Entwicklung der kommunalen Finanzen* ist seit der deutschen Wiedervereinigung recht volatil: Bis Mitte der neunziger
Jahre waren die Kommunalhaushalte im Durchschnitt defizitär.

Im Osten Deutschlands war dies der Modernisierung der Infrastruktur geschuldet, im Westen einer expansiven Ausgabenpolitik infolge des Wiedervereinigungsbooms – die kommunalen Ausgaben für Bauten, Ausrüstungen und Grunderwerb machen etwa drei Fünftel aller von öffentlichen Haushalten vorgenommenen Sachinvestitionen aus. Zum Ende des vergangenen Jahrtausends waren diese Defizite auch dank umfangreicher Sparmaßnahmen und einer Verbesserung der Finanzausstattung der ostdeutschen Gemeinden abgebaut (25). Ab 2001 brachen die Kommunalfinanzen wieder ein, vor allem aufgrund der Konjunkturentwicklung, die sich negativ auf die Haupteinnahmequelle der Gemeinden, die Gewerbesteuer, auswirkt. Doch schon seit 2005 erzielen die Gemeinden dank einer sich bessernden Konjunktur wieder Überschüsse (26).

Allerdings ist es weniger die Volatilität der Gemeindefinanzen, die beunruhigend ist, sondern die Entwicklung der kommunalen Ausgaben. Während die kommunalen Ausgaben für Sozialleistungen seit Beginn des Jahrtausends kontinuierlich gestiegen sind, sind die Sachinvestitionen in den kommunalen Haushalten seit Beginn der neunziger Jahre mehr oder weniger rückläufig (27). Diese Entwicklung deutet darauf hin, dass ein größer werdender Teil der kommunalen Finanzmittel konsumtiv und ein sinkender Teil investiv verwendet wird. Den Folgen dieser Entwicklung widmen wir uns in Abschnitt IV. 2 ausführlicher.

Ähnlich stellt sich auch die *Entwicklung der Länderfinanzen* seit der deutschen Einheit dar: Mitte der neunziger Jahre wiesen die Länder ein Haushaltsdefizit von mehr als 46 Milliarden Euro aus, das sie dank steigender Steuereinnahmen und einer Reduktion der Ausgaben bis zum Jahr 2000 auf rund 20 Milliarden Euro reduzierten (28). Mit Beginn des neuen Jahrtausends verschlechterten sich die Haushalte der Länder wieder und erreichten 2003 ein Defizit von 30 Milliarden Euro. Die Lage hat sich seitdem nur leicht verbessert (29). Darüber hinaus erweist sich die Haushaltssituation einzelner Bundesländer als nahezu dramatisch: Bereits im Finanzausgleichsgesetz (FAG) vom 23. Juni 1993 wurden in § 11 Sonder-Bundesergänzungszuweisungen für Bremen und das Saarland für die Jahre 1999 bis 2004 festgelegt, mit denen der Bund die Länder Bremen und Saarland bei der Überwindung ihrer extremen Haushaltsnotlage helfen sollte. Zuletzt hat das Land Berlin 2006 bis zum Verfassungsgericht auf finanzielle Hilfe des Bundes geklagt, jedoch erfolglos.

Insgesamt zeigen diese Entwicklungen, dass die Regeln für das Finanzwesen im föderalen Gemeinwesen Deutschlands reformbedürftig sind. Angefangen mit der Struktur und Zahl der Bundesländer, über die Aufgaben- und Mittelverteilung auf die föderalen Ebenen, bis hin zu den enorm komplizierten Regeln des Länderfinanzausgleichs (sowie des kommunalen Finanzausgleichs innerhalb der einzelnen Bundesländer) und den Grenzen der Solidarität zwischen den Ländern sind viele Fragen offen geblieben. So darf es dann auch kaum überraschen, dass bei immens gestiegenen Sozialausgaben der Kommunen die Nettoinvestitionen des Staates (die überwiegend im kommunalen Bereich getätigt werden) bereits für einige Jahre nach der Jahrtausendwende negativ waren. Das bedeutet, dass der Staat weniger investiert hat, als zur Werterhaltung des staatlichen Vermögens erforderlich gewesen wäre. Die Investitionen in Infrastruktur beispielsweise haben also nicht einmal gereicht, um die im Laufe der Zeit entstandenen Schäden zu reparieren; die Substanz der Infrastruktur wurde angegriffen. Dies wird direkt für die Bürger sicht- und spürbar, beispielsweise in Form nicht mehr reparierter Straßen und dringend renovierungsbedürftiger öffentlicher Gebäude.

IV. Die Folgen der Staatsverschuldung

1. Staatsverschuldung und Gesamtwirtschaft

Um die Wirkungen und Folgen der Staatsverschuldung zu verstehen, muss man wissen, welche Rolle Staatsverschuldung in einem Wirtschaftskreislauf spielt. Dazu stellen wir nun einen vereinfachten Wirtschaftskreislauf vor. Anfänglich gehen wir von einer geschlossenen Volkswirtschaft aus, also einer Volkswirtschaft ohne Auslandsbeziehungen; später werden wir das ändern. Die folgenden Überlegungen zeigen anhand einfacher buchhalterischer Zusammenhänge, wie eine Volkswirtschaft grundsätzlich funktioniert. Wichtig dabei ist, dass diese Zusammenhänge sachlogischer Natur sind und *ex post*, das heißt im Nachhinein betrachtet, immer gelten. Sie folgen aus der so genannten Volkswirtschaftlichen Gesamtrechnung (VGR, sozusagen die Buchhaltung einer Volkswirtschaft).

Ausgangspunkt aller Überlegungen ist das *Bruttoinlandsprodukt*, der Wert aller innerhalb einer Periode in einer Volkswirtschaft hergestellten Güter und Dienstleistungen. In einem ersten Schritt kann man überlegen, wozu ein Land diese Güter verwendet: Einen Teil der Güter werden die Bürger sofort verbrauchen, das ist der Konsum, einen anderen Teil der Güter wird der Staat für sich beanspruchen, das sind die Staatsausgaben, und einen Teil der Produktion, die Investitionen, wird man nicht sofort verbrauchen, sondern für spätere Perioden nutzen (also die Produkte entweder auf Lager legen oder aber beispielsweise als neue Maschinen in späteren Perioden für die Produktion anderer Güter einsetzen). In einer einfachen Gleichung ausgedrückt sieht das wie folgt aus:

(1)   Bruttoinlandsprodukt =
      Konsumausgaben + Staatsausgaben + Investitionsausgaben

Das Bruttoinlandsprodukt kann also entweder von den Bürgern konsumiert (Konsum), vom Staat verbraucht (Staatsausgaben) oder für spätere Perioden aufgehoben werden (Investitionen). Diese Gleichung beschreibt, was ein Land mit allen in einer Periode hergestellten Gütern machen kann, sie wird deswegen auch als *Verwendungsrechnung* bezeichnet. Formt man Gleichung (1) um, indem man sie nach den Investitionsausgaben auflöst, erhält man:

(2)   Bruttoinlandsprodukt – Konsum – Staatsausgaben =
      Investitionen

Das ist immer noch die gleiche Aussage wie in Gleichung (1): Man nimmt den gesamten Güterberg (das Inlandsprodukt), zieht davon das ab, was die Bürger konsumieren (den Konsum), was der Staat verbraucht (die Staatsausgaben), und das, was übrig bleibt, sind alle Güter, die nicht in der betreffenden Periode verbraucht werden – die Investitionen. Gleichzeitig erkennt man an der linken Seite von Gleichung (2), dass dort offensichtlich diejenige Menge an Gütern stehen muss, die nicht in derselben Periode verbraucht werden; das sind die gesamtwirtschaftlichen Ersparnisse. Gleichung (2) kann also auch geschrieben werden als:

(3)   Ersparnisse = Investitionen

Diese elementare Gleichung für eine geschlossene Volkswirtschaft gilt im Nachhinein betrachtet immer: Jede Wirtschaftsleistung einer Volkswirtschaft ohne Außenhandel wird entweder von den Bürgern und dem Staat verbraucht oder sie wird gespart. Ersparnisse entsprechen daher den Investitionen, denn es kann nur derjenige Teil der Güterproduktion investiert werden, der nicht verbraucht wird. Damit liefert diese Gleichung eine einfache Erkenntnis: Alle Güter, die in der laufenden Periode hergestellt werden, aber nicht konsumiert werden, sind Ersparnis, zugleich aber auch Investition. Die Höhe der Ersparnis einer Volkswirtschaft entscheidet also zugleich über die Höhe der Investitionen.

Um die Rolle der Neuverschuldung des Staates in diesem Wirtschaftskreislauf zu verstehen, muss man sich die Ersparnisse etwas näher anschauen und zwischen den Ersparnissen der Privaten und den Ersparnissen des Staates unterscheiden. Die Ersparnis der Privaten ist deren Einkommen, abzüglich dessen, was sie für Konsum ausgeben und abzüglich der Steuern, die sie an den Staat zahlen. Die Ersparnis des Staates sind seine Einnahmen – die Steuern und Abgaben der Bürger – minus die Staatsausgaben. Mit anderen Worten, die Ersparnis des Staats ist sein Budgetsaldo. Übersteigen die Ausgaben des Staates seine Einnahmen, so entsteht ein Budgetdefizit (also eine negative Er-

sparnis) und damit eine Zunahme der Staatsverschuldung. Wir
können Gleichung (3) also auch schreiben als:

(4)   Ersparnisse der Privaten + Budgetsaldo des Staates =
      Investitionen,

wobei – wie gesehen – die Ersparnisse der Privaten plus der Budgetsaldo des Staates die Gesamtersparnis einer Volkswirtschaft
darstellen. Diese Formel sagt Folgendes: Alles das, was eine
Volkswirtschaft in einem Jahr nicht sofort verbraucht, bedeutet
einen Verzicht auf Konsum – entweder die Bürger verzichten darauf, diese Güter zu konsumieren (Ersparnisse der Privaten),
oder der Staat verzichtet darauf (das wäre dann ein positiver
Budgetsaldo des Staates). Man kann sich das Sozialprodukt als
einen riesigen Kuchen vorstellen, von dem jeder Akteur – der
Staat und die Bürger – ein Stück abbekommt und dann darüber
entscheidet, ob er dieses Stück sofort isst (also konsumiert) oder
aufhebt (also spart). In einer Volkswirtschaft ohne Außenbezie-
hungen fließt die Gesamtsumme dieser Ersparnisse dann als Investition in die nächste Periode. Man kann sich die drei Elemente
in Gleichung (4) wie kommunizierende Röhren vorstellen: Wenn
man an einem Element etwas hinzufügt oder wegnimmt, verändert sich automatisch auch eines der beiden anderen Elemente.

Jetzt liefert Gleichung (4) die Blaupause für Verteilungs-
kämpfe um den hergestellten Güterberg – entweder die Bürger
bekommen die Güter und konsumieren sie, oder der Staat bekommt sie und konsumiert sie, oder aber sie werden gespart,
also investiert. Dazu ein paar Szenarien:

– Wenn der Budgetsaldo des Staates Null ist, der Staat also genau so viel ausgibt, wie er über Steuern einnimmt, so entspricht die Höhe der Investitionen einer Volkswirtschaft den
  Ersparnissen der Privaten – je mehr (weniger) sie sparen,
  umso höher (geringer) sind die Investitionen.
– Wenn der Staat spart, also weniger ausgibt, als er über Steuern einnimmt, dann ist sein Budgetsaldo positiv (er hat einen
  Budgetüberschuss). Das bedeutet, dass entweder die Investiti-

onen steigen können oder aber die Bürger weniger sparen. Der Staat verzichtet also darauf, alles, was er einnimmt, auszugeben, was entweder den Bürgern zugutekommt (sie können mehr konsumieren) oder aber die Investitionen erhöht.

– Der realistische Fall ist ein Budgetdefizit des Staates, er gibt also mehr aus, als er einnimmt, das staatliche Sparen ist negativ und der entsprechende Term in Gleichung (4) ist negativ. Damit die Gleichung aufgeht, gibt es nur zwei Möglichkeiten: Entweder die Privaten sparen mehr, dann bleibt die Höhe der Investitionen unverändert – die Mehrersparnisse der Bürger ermöglichen es dem Staat, mehr auszugeben, als er über Steuern und Abgaben einnimmt. Die andere Möglichkeit besteht darin, dass die Bürger ihre Konsumgewohnheiten unverändert lassen, also nicht mehr sparen, dann aber müssen die Investitionen sinken. Das bedeutet, dass der Staat in diesem Fall nur zu Lasten der Investitionen Defizite machen kann.

Es ist der letzte Zusammenhang, der uns zeigt, wie ein staatliches Budgetdefizit, also eine Zunahme der Neuverschuldung, im Wirtschaftskreislauf wirkt: Jeder Euro, den der Staat ausgibt, ist ein Euro, den er den Bürgern wegnehmen muss. Gibt der Staat mehr aus als er einnimmt (er verschuldet sich), so funktioniert dies nur bei einer Konsumreduktion der Bürger, wenn die Höhe der Investitionen unverändert bleiben soll. Dieser Teil der Ersparnis der Bürger entspricht dann der Verschuldung des Staates gegenüber seinen Bürgern, also der *Inlandsverschuldung* – die Bürger sparen mehr, und diese Mehrersparnis leihen sie dem Staat (sie legen ihre Ersparnisse in Staatsanleihen an). Die Alternative dazu wäre, dass der Staat sein Budget über höhere Steuern ausgleicht.

Reduzieren die Bürger im Fall eines staatlichen Budgetdefizits ihren Konsum nicht, dann sinken die Investitionen. Um es auf den Punkt zu bringen: in einer geschlossenen Volkswirtschaft zieht eine höhere Staatsverschuldung entweder Konsumverzicht der Bürger oder einen Rückgang der gesamtwirtschaftlichen Investitionen nach sich. Vor allem dieser Zusammenhang ist es, der eine Erhöhung der Staatsverschuldung problematisch machen kann, da geringere Investitionen in der Regel ein geringeres Wachstum bedeuten.

Aus dieser Überlegung ergibt sich noch ein wichtiger vermögenstheoretischer Zusammenhang. Bisher haben wir nur vom Sozialprodukt einer Volkswirtschaft gesprochen (also einer Stromgröße). Dem steht das Vermögen einer Volkswirtschaft als Bestandsgröße gegenüber. Zwischen dem Sozialprodukt einer Volkswirtschaft und ihrem Vermögen besteht folgender Zusammenhang: Alle Güter, die nicht konsumiert werden, also alle Investitionen, erhöhen das Vermögen einer Volkswirtschaft. Wenn wir in einem Jahr Güter im Wert von zwei Billionen Euro herstellen, aber nur Güter im Wert von 1,8 Billionen Euro konsumieren, haben wir 200 Milliarden Euro gespart respektive investiert, unser Vermögensbestand wächst also um 200 Milliarden Euro. Vermögen ist daher nichts anderes als noch nicht verbrauchte Wertschöpfung der Vergangenheit. Wenn also ein staatliches Budgetdefizit zu sinkenden Investitionen führt, so ist das gleichbedeutend mit einer geringeren Vermögensbildung.

Man kann nun sogar einen Schritt weiter gehen und überlegen, wie ein Land zumindest temporär mehr konsumieren kann als es erwirtschaftet. Bisher haben wir implizit unterstellt, dass die Investitionen in Gleichung (4) nicht kleiner als Null sein können – die Bürger und der Staat sparen dann nichts, sondern konsumieren alles, was hergestellt wurde. Berücksichtigt man jedoch den Vermögensbestand einer Volkswirtschaft, so wird klar, dass die Investitionen zeitweilig auch negativ werden können, und zwar dann, wenn eine Volkswirtschaft die in den Vorjahren angehäuften Vermögenswerte aufzehrt. Wenn wir also im Vorjahr Güter im Wert von 2 Billionen Euro hergestellt haben, aber nur 1,8 Billionen ausgegeben haben, so ist unser volkswirtschaftliches Vermögen um 200 Milliarden gestiegen – diese 200 Milliarden können wir dann theoretisch im Jahr darauf konsumieren.

Die 200 Milliarden, die wir zusätzlich konsumieren können, stellen einen Vermögensabbau, also negative Investitionen, dar, die unseren Kapitalstock verringern. Eine Volkswirtschaft kann demnach über eine bestimmte Zeit hinweg mehr konsumieren als sie herstellt, indem sie ihren Kapitalstock schrumpfen lässt und damit ihr Vermögen aufzehrt. Diese Überlegungen stehen letzten Endes hinter dem im Jahr 2009 gemachten Vorschlag, die Griechen sollten doch zur Rückzahlung ihrer Auslandsverschuldung ihre Inseln verkaufen. Abgesehen davon, dass der Vorschlag wenig realitätsnah ist, entspricht er den hier angestellten Überlegungen: Man zahlt seine Schulden zurück, indem man Teile des Vermögensbestands veräußert. Diese Methode der Entschuldung wird im öffentlichen Bereich durchaus manchmal angewandt (beispielsweise bei der Privatisierung der Telekom), führt aber gesamtwirtschaftlich nicht notwendigerweise zu negativen Investitionen.

Ein anderer Weg für ein Land, temporär über seine Verhältnisse zu leben, besteht darin, sich Geld im Ausland zu leihen, also auf ausländische Ersparnisse zurückzugreifen. Dazu müssen wir das Ausland in unsere formalen Überlegungen einbeziehen. Gleichung (5) gilt dementsprechend für eine so genannte offene Volkswirtschaft, eine Volkswirtschaft mit Außenhandel. Was müssen wir ändern, wenn wir die Beziehungen des Inlandes zum Ausland berücksichtigen wollen? Eigentlich nur zwei Dinge: Einen Teil unserer Produktion verwenden wir nun dazu, nicht zu konsumieren oder zu sparen, sondern ihn ins Ausland zu verkaufen. Der Verkauf von Gütern ins Ausland sind die Exporte, die müssen wir in Gleichung (1) auf der Verwendungsseite dazu addieren. Was wir aber abziehen müssen sind Güter, die wir aus dem Ausland beziehen, also die Importe. Das sind Güter, die wir konsumieren, aber nicht selbst hergestellt haben. Die neue Verwendungsgleichung lautet dann:

(5) Bruttoinlandsprodukt = Konsumausgaben + Staatsausgaben + Investitionsausgaben + (Exporte – Importe)

Die Differenz zwischen Exporten und Importen ergibt den *Außenhandelssaldo* eines Landes. In Deutschland sind die Exporte meist größer als die Importe und es gibt demnach einen Außenhandelsüberschuss. Ein Land kann andererseits auch (zumindest zeitweilig) mehr konsumieren als es selbst produziert, indem es mehr Güter aus dem Ausland bezieht als es dorthin verkauft.

Löst man Gleichung (5) in derselben Weise auf, wie wir es mit Gleichung (1) gemacht haben, ergibt das:

(6)   Ersparnisse der Privaten + Budgetsaldo des Staates =
       Investitionen + (Exporte − Importe)

Auch hier steht auf der linken Seite alles, was die Bevölkerung und der Staat sparen, also nicht sofort konsumieren (wobei der Budgetsaldo des Staates in der Regel negativ sein wird), und auf der rechten Seite steht wiederum, was mit diesen Ersparnissen geschieht. Im Fall einer offenen Volkswirtschaft werden die Ersparnisse entweder für Investitionen im Inland verwendet, oder aber man exportiert einen Teil des Sozialprodukts, den man nicht konsumiert, ins Ausland.

Mittels dieser Gleichung lassen sich die möglichen Folgen einer staatlichen Neuverschuldung (also eines negativen Budgetsaldos) buchhalterisch darstellen. Gibt der Staat mehr aus als er einnimmt, so kann dies auf vier verschiedenen Wegen finanziert werden:

– die Privaten sparen mehr, konsumieren also weniger (der erste Term der Gleichung wird größer und kompensiert, dass der zweite Term, der Budgetsaldo, negativ ist). Die Staatsverschuldung wird von den inländischen Bürgern finanziert.
– die Investitionen sinken, was die Gleichung ebenfalls wieder ins Gleichgewicht bringt – der höhere Staatsverbrauch, der sich in dem negativen Budgetsaldo niederschlägt, wird finanziert, indem weniger investiert wird.
– der Staat zehrt bestehendes Vermögen auf (seine Investitionen werden negativ),
– der Außenhandelssaldo wird negativ und sorgt dafür, dass die Gleichung trotz des negativen Budgetsaldos auf der linken Seite wieder aufgeht.

Es ist nun der letzte Punkt, der uns interessiert (die anderen Punkte haben wir ja bereits besprochen). Demnach kann ein staatliches Budgetdefizit auch durch ein Außenhandelsdefizit, also durch Importe finanziert werden. Um das zu verdeutlichen, nehmen wir einmal an, dass sich bei einer Erhöhung der Staatsverschuldung die Ersparnisse der Privaten nicht verändern, ebenso die Investitionen. Damit sinkt der Wert auf der linken Seite der Gleichung (6). Um wieder zu einem Ausgleich zu kommen, muss bei konstanten Investitionen der Außenhandelssaldo negativ werden – das bedeutet, dass das Land mehr importiert als es exportiert.

Ökonomisch betrachtet passiert Folgendes: Der Staat erhöht seine Neuverschuldung, er braucht mehr Geld. Wenn aber die Bürger ihre Ersparnisbildung nicht erhöhen wollen und die Investitionen nicht sinken sollen, wo sollen dann diese zusätzlichen Ressourcen herkommen? Sie kommen aus dem Ausland, indem die Importe steigen. Dadurch erhält das Inland zusätzliche Güter, die im Inland verwendet werden können. Über ein Außenhandelsdefizit finanziert das Ausland in diesem Fall das Budgetdefizit des Staates.

Die vermögenstheoretische Kehrseite dieser Medaille besteht darin, dass auf diesem Weg die Verschuldung des Staates steigt, diesmal aber gegenüber dem Ausland. Bei einer Volkswirtschaft ohne Ausland hatten wir gesehen, dass es die inländischen Bürger sind, die dem Staat einen Teil ihrer Ersparnisse leihen. Jetzt sind es die ausländischen Bürger, die auf den Konsum eines Teils ihrer Produktion verzichten, diese an das Inland liefern, ohne im Gegenzug sofort Waren des Inlands zu erhalten. Auf diesem Weg leiht sich das Inland vom Ausland Güter um den Preis, dass es sich gegenüber dem Ausland verschuldet. In der Zukunft wird das Inland diese Auslandsverschuldung irgendwann abbauen müssen, indem es mehr exportiert als es importiert.

Diese externe Verschuldung führt auf der Vermögensseite dazu, dass sich die *Nettoauslandsposition* ändert. Die Nettoauslandsposition ist definiert als die Differenz zwischen den von Inländern im Ausland gehaltenen Vermögen und dem von Ausländern im Inland gehaltenen Vermögen. Importüberschüsse bzw. Außenhandelsdefizite führen zu einer Abnahme des im Ausland gehaltenen Vermögens von Inländern, Exportüberschüsse bewirken das Gegenteil.

Treten ein staatliches Budgetdefizit und ein Außenhandelsdefizit gleichzeitig auf in einem Land, so spricht man von *Doppel-*
defiziten (Twin deficits). Ökonomisch kann das ein Zeichen für
eine bedenkliche Entwicklung sein, da das Land sich im Ausland verschuldet hat (über das Außenhandelsdefizit) und ein
Teil dieser Verschuldung der Finanzierung des Budgetdefizits
dient. Als Paradebeispiel für ein solches Doppeldefizit werden
die Vereinigten Staaten angeführt, die seit fast 20 Jahren mehr
oder weniger sowohl ein Budgetdefizit als auch ein Außenhandelsdefizit aufweisen (32). Seit 1991 ist die ehemals ausgeglichene Außenhandelsbilanz der USA beständig in die roten Zahlen gerutscht, zuletzt auf ein Defizit von rund sechs Prozent des
Sozialprodukts. Darüber hinaus gelang es dem amerikanischen
Staat nur zwischen 1998 und 2001, einen Budgetüberschuss zu
erwirtschaften, in den übrigen Jahren wies der Haushalt der
Vereinigten Staaten ein Budgetdefizit auf. Was diese Entwicklung noch bedenklicher macht ist, dass im gleichen Zeitraum
die private Ersparnis ebenfalls zurückgegangen ist. Das bedeutet, dass die Güter aus dem Ausland, die das amerikanische Außenhandelsdefizit ausmachen, nicht nur die Zunahme der staatlichen Verschuldung finanzierten, sondern auch den Rückgang
der Ersparnisbildung der privaten Haushalte.

Mit dieser Einordnung der Rolle der Staatsverschuldung in
den Wirtschaftskreislauf eines Landes können wir nun die möglichen Folgen der Staatsverschuldung genauer untersuchen. Zunächst einmal geht es um die Frage, welche Folgen eine zunehmende Staatsverschuldung unmittelbar für das Wachstum und
den Wohlstand eines Landes haben kann.

2. Wachstum und Wohlstand

Die bisherigen Überlegungen waren weniger analytisch als rein
beschreibend, da sie lediglich zeigen, welche grundsätzlichen
Beziehungen zwischen volkswirtschaftlichen Größen wie Sparen, Investieren und Staatsverschuldung bestehen. Man kann
auch von einer buchhalterischen Saldenmechanik sprechen.
Schwieriger wird es, wenn man nach den unmittelbaren Folgen

von Staatsverschuldung für eine Volkswirtschaft fragt – diese hängen von einer Vielzahl von Bedingungen und Begleitumständen ab. Im Folgenden zeigen wir die wichtigsten Ansätze zur Analyse der Wirkungen der Staatsverschuldung, die theoretisch relevant sind. Ob sie tatsächlich in dieser Form auftreten, hängt von den Begleitumständen ab, weswegen auch empirische Studien über Folgen von Staatsverschuldung zu unterschiedlichen Ergebnissen kommen können – je nachdem, welchen Zeitpunkt und welches Land die jeweilige Studie betrachtet, und welche sonstigen Umstände dort herrschten.

Ein erstes theoretisch fundiertes Konzept bezüglich der Folgen der Staatsverschuldung ist die *Ricardianische Äquivalenz*, die dem britischen Ökonomen David Ricardo (1772–1823) zugeschrieben wird. Die Grundidee besteht darin, dass jede Staatsverschuldung eines Tages inklusive Zinsen zurückgezahlt werden muss. Dies kann ein Staat letztlich nur über höhere Steuern finanzieren, wenn er beim bestehenden Steuerniveau ein Defizit aufweist, und außerdem kommen zu den aufgenommenen Krediten noch die Zinsen hinzu. Wenn die Bürger eines Landes dies erkennen, so werden sie bei steigender Staatsverschuldung voraussehen, dass der Staat später die Steuern erhöhen muss. Daher werden sie auf die Erhöhung der Staatsverschuldung mit Konsumverzicht und erhöhter Ersparnisbildung reagieren, um die spätere Steuerlast aus ihren Ersparnissen zahlen zu können. Staatsverschuldung wirkt nach dieser Theorie auf den Konsum der Bürger genauso wie eine sofortige Steuer. Finanziert der Staat seine Ausgaben mittels Schulden statt über neue Steuern, so verschiebt dies lediglich die Steuererhebung von der Gegenwart in die Zukunft, hat nach Ricardo aber keinen Einfluss auf (ist «äquivalent» für) das Lebenseinkommen und das Konsumverhalten eines Haushalts.

So betrachtet ist eine Erhöhung der Staatsverschuldung also identisch mit einer Steuererhöhung, Steuern und Staatsverschuldung unterscheiden sich nur in der Form, nicht aber in ihren ökonomischen Konsequenzen. In unserer Volkswirtschaftlichen Gesamtrechnung würde das bedeuten, dass der Budgetsaldo negativ wird (die Staatsverschuldung nimmt zu), aber gleichzeitig die Ersparnisse der Privaten soweit ansteigen, dass die Investitionen unverändert bleiben. Ob der Staat seine Ausgaben über Steuern oder aber über Schulden finanziert, macht in diesem Fall keinen Unterschied. Wenn die Ricardianische Äquivalenz gilt, dann funktioniert eine keynesianische Belebung der Nachfrage durch kreditfinanzierte Konjunkturprogramme nicht: Sobald die Bürger erkennen, dass der Staat seine Schulden erhöht, um die Nachfrage zu beleben, wissen sie, dass er danach die Steuern erhöhen wird, um diese Schulden wieder zurückzuzahlen. Also werden sie ihre Konsumnachfrage in Erwartung der höheren Steuern reduzieren – der wachstumswirksame Effekt der staatlichen kreditfinanzierten Konjunkturprogramme wird umgehend durch den sinkenden Konsum der Bürger konterkariert und aufgehoben. Entsprechend dieser Überlegung sind viele Ökonomen der Ansicht, dass vorhersehbare oder erwartete staatliche Konjunkturprogramme zumeist unwirksam sind.

Sowohl in der Theorie als auch in der Empirie besteht allerdings große Uneinigkeit über die Gültigkeit der Ricardianischen Äquivalenz. Insgesamt ergibt sich, dass sich empirisch keine eindeutige Schlussfolgerung ziehen lässt (33, 34). Ein wichtiger theoretischer Einwand gegen die Gültigkeit der Ricardianischen Äquivalenz ist das Argument des Zeithorizonts: Wenn die Rückzahlung der Schulden länger auf sich warten lässt als die aktuelle Generation von Bürgern lebt, dann muss diese nicht sparen. Die Aufgabe der Rückzahlung der Schulden fällt dann der nächsten Generation zu. In diesem Fall unterscheiden sich die Wirkungen der Staatsverschuldung deutlich von denen einer Steuer. Allerdings wird das Argument schwächer, wenn die aktuelle Generation sich Gedanken um die nächste Generation – ihre Kinder – macht. Wenn sie ihren Kindern keine Schuldenberge hinterlassen möchte, so wird sie sparen und der nächsten Generation diese Ersparnisse vererben, damit ihre Kinder mit diesem Erbe die ausstehende Staatsschuld begleichen können. Über die intergenerationale Solidarität würde die Ricardianische Äquivalenz dann wiederhergestellt.

Insgesamt gehen wir davon aus, dass die Ricardianische Äquivalenz nicht in Reinform gilt – sonst könnten wir das Kapitel «Staatsverschuldung und Wachstum» an dieser Stelle beenden und auf die Steuerdiskussion zurückgreifen. Dann gälte für neue Schulden der gleiche, für höhere Steuern allgemein akzeptierte Grundsatz, dass sie dem Wirtschaftswachstum in der Regel nicht zuträglich sind.

Gilt aber die Ricardianische Äquivalenz nicht in Reinform, so hat Staatsverschuldung Folgen, die sich von denjenigen einer Steuererhöhung unterscheiden. Erhöht der Staat in diesem Fall seine Neuverschuldung (der Budgetsaldo wird negativ), so wird in unserer volkswirtschaftlichen Gesamtrechnung die Ersparnis der Privaten nicht im gleichen Umfang zunehmen. Damit der gestiegene Zugriff des Staates auf die Ressourcen der Volkswirtschaft befriedigt werden kann (die Gleichung wieder stimmt), müssen dann entweder die privaten Investitionen zurückgehen oder aber der Außenhandelssaldo muss negativ werden. Private Investitionen werden dann also durch Staatsausgaben ersetzt, oder aber es müssen mehr Ressourcen und damit Kapital aus dem Ausland importiert werden (der Außenhandelssaldo sinkt).

Sinken im Falle steigender Staatsverschuldung die privaten Investitionen, so ergeben sich aus der Staatsverschuldung negative Auswirkungen auf das zukünftige Wachstum einer Volkswirtschaft: Private Investitionen bilden den Kapitalstock eines Landes, der über dessen Produktivität mitentscheidet. Die Verdrängung privater Investitionen durch staatliche Verschuldung bezeichnet man als *Crowding-out* privater Investitionen. Das geschieht so: Der Staat erhöht mit seiner Verschuldung seine Nachfrage nach Krediten auf dem Kapitalmarkt. Wenn das Kapitalangebot dort unveränderlich bleibt (die Ersparnisse steigen nicht), führt dies zu einem Anstieg der Kapitalmarktzinsen: der Zins als Preis für Kredite steigt wegen der zusätzlichen Nachfrage nach Krediten durch den Staat. Aufgrund des höheren Zinssatzes sinkt nun das Volumen an privaten Krediten: die preissensiblen privaten Investitionen gehen zurück, werden also von der staatlichen Kreditnachfrage verdrängt. Je sensibler die privaten Investitionen dabei auf steigende Zinsen reagieren, desto höher ist deren *Crowding-out* durch den Staat.

Empirische Studien bestätigen den Zusammenhang zwischen

einer Zunahme der staatlichen Neuverschuldung und einem
steigenden Zinsniveau. Allerdings variieren die Ergebnisse hinsichtlich seiner Stärke: Für die Vereinigten Staaten haben Studien ermittelt, dass das Zinsniveau in der Größenordnung von
0,2 bis 0,4 Prozentpunkten ansteigt, wenn die staatliche Defizitquote um einen Prozentpunkt wächst. Manche Untersuchungen
kommen sogar zum Ergebnis, dass ein solcher Anstieg der Defizitquote zu einem Zinsanstieg von 0,5 bis zu einem Prozentpunkt führt. Für Europa scheinen diese Effekte geringer aus-
zufallen, ein Anstieg der Defizitquote um einen Prozentpunkt
bewirkt hier eine Erhöhung der Zinssätze auf staatliche Wertpapiere um weniger als 0,1 Prozentpunkte (35).

Eine Untersuchung des Zusammenhangs zwischen dem Anstieg der Staatsverschuldung und dem Zinsniveau für 19 OECD-
Länder einschließlich Deutschland beziffert den Anstieg der realen langfristigen Zinssätze auf nur etwa 0,02 bis 0,05 Prozentpunkte, wenn die Schuldenstandsquote um einen Prozentpunkt
zunimmt. Allerdings zeigt die Untersuchung auch, dass man die
langfristigen Folgen der Staatsverschuldung nicht unterschätzen
darf, vor allem, wenn man die Verwendungsseite der Verschuldung betrachtet: Steigt der Anteil des Staatskonsums am Sozialprodukt um einen Prozentpunkt, so steigen die langfristigen
Zinsen um 0,2 bis 0,25 Prozentpunkte (36).

Eine andere Studie zu den langfristigen Folgen steigender
Staatsschulden in 16 OECD-Ländern zeigt zudem, dass ein Anstieg des Primärdefizits um einen Prozentpunkt, das kurzfristig
zu einem Anstieg des Zinsniveaus um 0,1 Prozentpunkte führt,
sich über einen Zeitraum von zehn Jahren zu einem Anstieg der
langfristigen Zinsen in Höhe von 1,5 Prozentpunkten kumulie-
ren kann. Darüber hinaus ist zu bedenken, dass die Wirkung
steigender Staatsverschuldung auf das Zinsniveau eine dynamische, selbstverstärkende Tendenz hat: Der Zusammenhang zwischen Schulden und Zinsen ist ausgeprägter für Staaten mit
überdurchschnittlich hoher Verschuldung (37).

Man muss davon ausgehen, dass Staatsverschuldung auf längere Frist private Investitionen verdrängt, vor allem in Staaten
mit hohem Schuldenstand. Die Folgen für das Wachstum einer

Volkswirtschaft hängen aber auch von der Art der Mittelverwendung durch den Staat ab. Was macht der Staat mit den Ressourcen, die er im Zuge der Verschuldung dem privaten Sektor entzieht? Verwendet der Staat die Mittel für Investitionen, die ebenso produktiv sind wie private Investitionen, die er verdrängt hat, dann bleibt das Wachstum der betreffenden Volkswirtschaft unverändert – rentable private Investitionen werden durch gesamtwirtschaftlich ebenso rentable staatliche Investitionen ersetzt. Im besten Fall kann Staatsverschuldung sogar wachstumsfördernd sein, wenn die staatlichen Investitionen rentabler sind als die verdrängten privaten Investitionen. Das könnte beispielsweise bei bestimmten Investitionen in die Infrastruktur der Fall sein.

Sind die staatlichen Investitionen allerdings weniger produktiv als die verdrängten privaten, dann erweist sich Staatsverschuldung als wachstumshemmend. Die unterschiedlichen Anreize, denen Privatinvestoren und staatlich Bedienstete ausgesetzt sind, sprechen zumindest theoretisch nicht dafür, dass die Mittelverwendung im staatlichen Sektor effizienter und sorgfältiger geschieht als in der Privatwirtschaft. Staatsbedienstete geben nicht ihr eigenes Geld aus oder riskieren ihren Arbeitsplatz, wenn sie investieren; dies senkt eher ihre Anreize zur sorgfältigen Mittelverwendung. Zusammen mit den in Kapitel II.3 diskutierten politischen Motiven, welche die staatliche Mittelverwendung bisweilen beeinflussen, deutet das darauf hin, dass man der Effizienz staatlicher Mittelverwendung ein gewisses Misstrauen entgegenbringen muss (vgl. exemplarisch hierzu (38) und (39)).

Wachstumsmindernd ist Staatsverschuldung auch, wenn die von ihr aufgenommenen Mittel für konsumtive Zwecke verwendet werden. Das verhält sich ähnlich wie bei einem privaten Haushalt: Wer Schulden für eine Investition aufnimmt, zum Beispiel für einen neuen, stromsparenden Kühlschrank, der bezieht aus den späteren Erträgen der Investition ein höheres Einkommen (aus dem er dann die Schulden abbauen kann). Wer stattdessen die Schulden dafür verwendet, in Urlaub zu fahren (konsumtive Verwendung), hat nach dem Urlaub zwar mehr Schulden, aber kein höheres Einkommen. Ebenso hat ein Staat, der

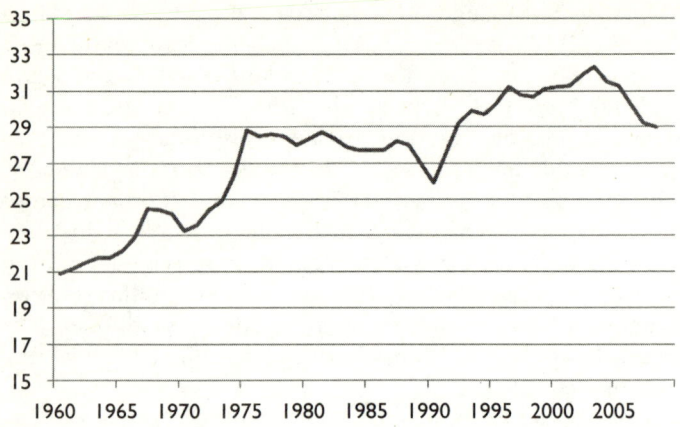

Abbildung 4: Sozialleistungsquote der Bundesrepublik Deutschland (Sozialleistungen in Prozent des Sozialprodukts), 1960 – 2009. Quelle: (40).

sich für Konsumzwecke verschuldet und damit private Investitionen verdrängt, langfristig geringere Wachstumsaussichten und eine geringere Fähigkeit, diese Schulden zurückzuzahlen.

Aus dieser Perspektive ist die Zunahme der deutschen Staatsverschuldung in den vergangenen Jahrzehnten besorgniserregend – die neuen Schulden wurden überwiegend für konsumtive Zwecke ausgegeben, vor allem für den Ausbau des Sozialstaats. Die *Sozialleistungsquote*, also die Sozialleistungen in Prozent des Sozialprodukts, ist seit den sechziger Jahren von 20 Prozent auf mittlerweile rund 30 Prozent gestiegen (vgl. Abbildung 4). Mit anderen Worten, etwas weniger als jeder dritte Euro des deutschen Sozialprodukts wird für soziale Zwecke ausgegeben. Wir möchten hier nicht hinterfragen, ob dies richtig oder angemessen ist. Entscheidend für die Überlegungen zu den Wachstumswirkungen der Staatsverschuldung ist lediglich, dass diese Ausgaben keine Investitionen sind, also für die Zukunft keine unmittelbaren Erträge liefern wie Investitionen in Infrastruktur oder private Investitionen. Aus wachstumspolitischer Sicht sollten daher Sozialausgaben aus dem aktuell erwirtschafteten Volkseinkommen finanziert werden und nicht über Staatsverschuldung.

Beunruhigender wird dieser Befund durch einen Blick auf die staatlichen Investitionsausgaben (vgl. Abbildung 5). Die Bruttoinvestitionen des Staates in Prozent des Sozialprodukts sinken seit 1970 mehr oder weniger kontinuierlich. Der Befund wird nicht besser, wenn wir die Nettoinvestitionen betrachten (die Bruttoinvestitionen abzüglich der Kosten für Instandhaltung des bestehenden staatlichen Kapitalstocks). Jedes Investitionsobjekt, auch staatliche Investitionen, unterliegt im Verlauf seiner Nutzung dem Verschleiß – beispielsweise erhält eine Autobahn im Zuge der Nutzung Schlaglöcher, die ihren Wert als Investitionsobjekt mindern. Wird dieser Verschleiß nicht ersetzt, so wird die Autobahn mit der Zeit unbrauchbar, das staatliche (Infrastruktur-)Kapital, also die Autobahn, verliert an Wert. Also muss die Regierung jedes Jahr Geld investieren, um diesen Verschleiß zu ersetzen (die Schlaglöcher reparieren). Diese Ausgaben sind keine Neuinvestitionen, sondern Ausgaben zum Ersatz des Verschleißes an Kapital im jeweiligen Jahr. Will man also wissen, wie viel Geld der Staat in Neuinvestitionen gesteckt hat, so muss man von der Summe aller Investitionen (den *Bruttoinvestitionen*) diese Aufwendungen zum Erhalt des bestehenden Kapitalstocks, die *Abschreibungen*, abziehen. Das Resultat sind die *Nettoinvestitionen*, die angeben, wie viel Geld der Staat für Neuinvestitionen ausgegeben hat.

Abbildung 5 stellt die staatlichen Nettoinvestitionen in Deutschland nach der Wiedervereinigung dar. Dort wird ersichtlich, dass die Investitionen beständig zurückgehen. Das ist nicht erst seit 1992, sondern bereits seit den 1970er Jahren ein Trend, der sich auch bei vielen anderen Industrieländern findet (42). Gegen Ende des jüngsten Jahrzehnts sind die deutschen staatlichen Nettoinvestitionen sogar negativ geworden. In den Jahren 2003 bis 2008 haben die staatlichen Investitionsausgaben also nicht einmal dazu ausgereicht, den bestehenden Kapitalstock zu erhalten. Die Bundesrepublik Deutschland hat in diesen Jahren von der Substanz gelebt. Diese Entwicklung zeigt sich in einem gesunkenen *staatlichen Sachvermögen*, das im Verhältnis zum Bruttoinlandsprodukt seit Beginn der achtziger Jahre mit kurzen Unterbrechungen von 61 Prozent auf 44 Pro-

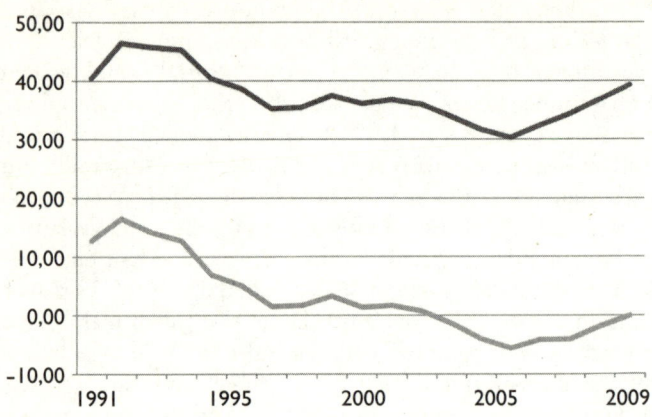

Abbildung 5: Staatliche Bruttoinvestitionen (■) und Nettoinvestitionen (■)
(Bruttoinvestitionen minus Abschreibungen). Quelle: Sachverständigenrat zur
Begutachtung der gesamtwirtschaftlichen Entwicklung; siehe auch (41).

zent im Jahr 2007 gesunken ist. Stellt man das staatliche Vermögen der Bundesrepublik ihren Schulden gegenüber, so war
dieses bereits Ende 2008 weitgehend aufgezehrt (41).

Insgesamt bietet sich folgendes Bild: Während die Staatsverschuldung der Bundesrepublik Deutschland in den vergangenen
40 Jahren mehr oder weniger kontinuierlich gestiegen ist, haben
im gleichen Zeitraum auch die konsumtiven Staatsausgaben zu-
genommen. Gleichzeitig sind die staatlichen Investitionsausgaben sowohl brutto als auch netto kontinuierlich gesunken – die
steigende Neuverschuldung wurde nicht dazu verwendet, in die
Zukunft zu investieren, sondern in der Gegenwart zu konsumieren. Dieser Verwendungszweck ist durch keines der in Kapitel II diskutierten guten Argumenten für staatliche Verschuldung
gedeckt.

Die Folgen erhöhter Staatsverschuldung für das Wachstum
einer Volkswirtschaft sind *empirisch* untersucht. Als Wirkungs-
richtung ergibt sich dabei mehr oder weniger eindeutig, dass
eine Zunahme der staatlichen Verschuldung das Wachstum einer Volkswirtschaft tendenziell reduziert. Eine Studie zu der

Verschuldung von Schwellenländern und entwickelten Ländern über vier Jahrzehnte hinweg legt nahe, dass ein Anstieg der Schuldenstandsquote von zehn Prozentpunkten das Wachstum des realen Pro-Kopf-Sozialprodukts um 0,2 Prozentpunkte pro Jahr reduziert (43). Höhere Staatsschulden führen zu geringerem Wachstum. Für entwickelte Volkswirtschaften war dieser Effekt weniger deutlich, aber auch vorhanden: hier belief sich der Rückgang des Wachstums auf 0,15 Prozentpunkte jährlich. Die Schätzungen deuten darauf hin, dass bei zunehmender Staatsverschuldung die Arbeitsproduktivität leidet und damit das Wachstum des Sozialprodukts zurückgeht. Dieser Rückgang der Arbeitsproduktivität entsteht durch die Reduktion der privaten Investitionen, dadurch sinkt der Kapitalstock pro Arbeitnehmer und dadurch die Menge an Gütern, die pro Arbeitnehmer produziert werden kann (43).

Darüber hinaus zeigen die Daten, dass die Zusammenhänge auch hier vermutlich nicht linearer Natur sind: Ab einem Schwellenwert für die Schuldenstandsquote von 90 Prozent sind die negativen Folgen der Staatsverschuldung für das Wachstum ausgeprägter (43). Ähnliche Ergebnisse finden sich für zwölf Staaten der Europäischen Union von 1970 bis 2010: Ab einer Schwelle von 70 bis 80 Prozent beginnt die Höhe der Schuldenstandsquote einen negativen Effekt auf das Pro-Kopf-Wachstum zu haben, ab 90 Prozent wird er deutlich erkennbar (44). In Anbetracht der Tatsache, dass die durchschnittliche Schuldenstandsquote für die Euro-Zone im Jahr 2011 auf fast 90 Prozent gestiegen sein wird, wird klar, dass der Bewegungsspielraum für weitere Schuldenaufnahmen gering ist. Neue Schulden gibt es nur im Tausch gegen Einbußen beim Wirtschaftswachstum pro Kopf.

Möglicherweise lässt sich das letzte Argument relativieren, wenn man berücksichtigt, dass ein Großteil der zuletzt hinzugekommenen Staatsverschuldung zur Abwehr einer Finanzkrise aufgenommen wurde – vielleicht hat man durch diese Schulden eine Ausweitung der Krise mit gleichfalls negativen Folgen für das Wachstum verhindert. Hier greift ein Argument aus Kapitel II.1: Die Dringlichkeit und Einmaligkeit der Aufgabe, die

Wirtschaft vor einer Finanzkrise zu bewahren, rechtfertigt diesen Anstieg der Staatsverschuldung aus ökonomischer Sicht. Wie groß der tatsächliche Erfolg dieser Maßnahmen ist, kann erst mit größerem zeitlichem Abstand gesagt werden. Darüber hinaus wird es eine beachtliche Rolle spielen, ob und, wenn ja, mit welcher Geschwindigkeit die neu aufgenommenen Schulden nach der Krise wieder abgebaut werden.

3. Staatsverschuldung und Einkommensverteilung

Eine Zunahme der Staatsverschuldung hat nicht nur Folgen für das Wachstum einer Volkswirtschaft, sondern auch für die Verteilung von Vermögen und Einkommen einer Volkswirtschaft zwischen ihren Bürgern. Dabei unterscheidet man zwei Arten der Verteilung: die intragenerationale Verteilung (Verteilung der Ressourcen zwischen den Mitgliedern einer Generation) und die intergenerationale Verteilung (Verteilung der Ressourcen zwischen den Mitgliedern verschiedener Generationen).

Die häufigste These zur *intragenerationalen Verteilung* bezieht sich auf die mit der Staatsverschuldung verbundenen Zinszahlungen: Die Zinsen, die der Staat auf seine Schulden zahlt, so das Argument, erzeugen Einkommen für diejenigen, die dem Staat das Geld leihen. Dahinter steckt meist die Vorstellung, dass diese Geldgeber wohlhabende Privatpersonen sind. Das auf dem so genannten Transferansatz basierende Argument läuft deswegen auf die These hinaus, dass Staatsverschuldung tendenziell Bürger mit höherem Einkommen begünstigt.

Dieser Ansatz wird aus zwei Richtungen kritisiert: Erstens gibt es keinen Automatismus der dazu führt, dass die Empfänger von Zinseinkommen auch tatsächlich Personen mit höherem Einkommen sind. Zu den Kreditgebern des Staates gehören auch viele Anbieter von Lebensversicherungen, Investmentfonds und anderen Sparprodukten für Jedermann. An den Zinszahlungen des Staats (und, im Krisenfall, an den Wertverlusten der Staatspapiere) partizipieren dadurch Personen aus allen Einkommensschichten. Die Wirkungen der Staatsverschuldung auf die Einkommensverteilung ergeben sich aus den Verteilungswirkungen, die von der Bankenverschuldung ausgehen, denn das Bankensystem hält den größten Anteil der Staatsschulden. Ein direkter Schluss von der Aufteilung des Volkseinkommens auf unterschiedliche Einkommensarten wie Lohn, Gehalt oder Zins- und Dividendeneinkommen (funktionelle Einkommensverteilung) auf die personelle Einkommensverteilung ist demnach äußerst problematisch.

Der zweite Kritikpunkt berücksichtigt die Finanzierung der Zinsausgaben des Staates: Wenn der Staat die Zinsen, die er auf die Staatsverschuldung zahlen muss, zum Beispiel über eine progressive Einkommensteuer finanziert, dann hätte das eine Umverteilungswirkung von Besser- zu Niedrigverdienenden zur Folge. Ohne eine Aussage darüber, wie der Staat seine Zinszahlungen finanziert, lässt sich also keine verallgemeinerbare Aussage zu den intragenerationalen Verteilungseffekten der Staatsverschuldung machen. Gleiches gilt für die Verwendung der Staatsschulden: Je mehr der Staat das Geld für sozialpolitische Zwecke einsetzt, umso mehr muss man das Argument der Umverteilung zugunsten wohlhabender Bevölkerungsschichten relativieren.

Ein weiterer Kritikpunkt besteht darin, dass diejenigen, die dem Staat Geld leihen, dieses Geld auch anderen Kreditnehmern leihen würden, wenn der Staat als Schuldner nicht zur Verfügung stehen würde. Bei gleichem Zinssatz hätte die Staatsverschuldung dann keinen Einfluss auf die Einkommensverteilung. Eine allerdings ältere Studie aus den achtziger Jahren kommt für die Bundesrepublik Deutschland zum Ergebnis, dass kein Unterschied zwischen Steuerlastverteilung und der Verteilung der staatlichen Zinszahlungen zu erkennen ist. Zwar fließen Besserverdienenden vergleichsweise mehr staatliche Zinsen zu als Niedrigverdienenden, sie tragen aber auch einen größeren Anteil der Steuerlast (45).

Ein weiterer Aspekt hinsichtlich der verteilungspolitischen Folgen der Staatsverschuldung ist der Einfluss der Staatsverschuldung auf die Kapitalmärkte: Wir haben gesehen, dass der Staat in der Regel das allgemeine Zinsniveau nach oben treibt, wenn er seine Verschuldung erhöht. Dadurch kommen grundsätzlich alle Empfänger von Zinseinkommen in den Genuss höherer Zinsen und damit eines höheren Einkommens (Kreditmarktwirkungen der Staatsverschuldung). Allerdings ist auch diese These den gleichen Kritikpunkten ausgesetzt wie der oben bereits genannte Transferansatz. Die entscheidende Frage ist, wer die höheren Zinsen des Staates über seine Steuerzahlungen finanziert.

Noch komplexer sind die Überlegungen zu den *intergenerationalen Umverteilungswirkungen* der Staatsverschuldung – also zur Frage, wie die Lasten der Staatsverschuldung zwischen den verschiedenen Generationen verteilt sind. Hier wird zunächst zwischen den intergenerationalen Folgen interner und externer Staatsverschuldung unterschieden. Die folgenden Ausführungen beziehen sich auf die interne Verschuldung, also auf den Fall, dass sich der Staat im Inland bei einer Generation verschuldet und die Schulden erst an die nächste Generation zurück zahlt. Kann in diesem Fall die erste Generation auf Kosten der zweiten leben?

Gehen wir zur Illustration einmal davon aus, dass die staatliche Verschuldung keine negativen Folgen für das Wachstum der Volkswirtschaft hat, also dass es zum Beispiel kein *Crowdingout* von gesamtwirtschaftlich rentableren privaten Investitionen gibt. In diesem Fall lautet das überraschende Ergebnis, dass die Staatsverschuldung keine intertemporalen Umverteilungseffekte auslöst, es findet lediglich eine zeitliche Verschiebung der Steuerlast statt. Bei Ökonomen wird dieser Fall umschrieben mit dem Satz «We owe it to ourselves» («Wir schulden es uns selbst»). Dieses Ergebnis rührt daher, dass es in einer geschlossenen Volkswirtschaft für die gegenwärtige Generation grundsätzlich nicht möglich ist, heute etwas zu konsumieren, was die nächste Generation erst produziert – ein intertemporaler Ressourcenentzug ist nicht möglich.

Man muss sich das wie folgt vorstellen: In der ersten Generation verschuldet sich der Staat und entzieht dem privaten Sektor auf diesem Weg Ressourcen. Da wir in diesem Fall davon ausgehen, dass die privaten Investitionen unverändert bleiben, muss der private Konsum der ersten Generation sinken, um das zusätzlich Ersparte dem Staat zu leihen. Der staatliche Mehrkonsum durch Verschuldung wird also nur dadurch möglich, dass die Bürger Konsumverzicht leisten und mehr sparen. Im Gegenzug verspricht der Staat den Bürgern die Rückzahlung der Schuld inklusive Zinszahlungen. Dadurch steigt das Vermögen der Bürger (in Form von höheren Forderungen an den Staat). Staatsverschuldung führt also in der ersten Generation lediglich zu einer Umverteilung der Ressourcen von den Bürgern zum Staat – zusätzlicher Konsum von Ressourcen ist in diesem Szenario nicht möglich. Die Bürger dieser ersten Generation erwerben nur höhere Ansprüche an den Staat.

Wird die nachfolgende Generation von dieser Staatsverschuldung belastet? Überraschenderweise nicht, denn nun passiert Folgendes: Der Staat zahlt in der nächsten Generation seine Schulden zurück, inklusive Zinsen. Diese Zahlungen finanziert er durch entsprechende Steuern, mit denen er diese Generation belastet. Da diese Generation von ihren Eltern eine genau um die Staatsverschuldung erhöhte Erbschaft erhält, reichen diese verzinsten zusätzlichen Erbschaften exakt aus, um die verzinste Staatsschuld zu begleichen. Daher bedeuten diese Steuern auch keinen realen Konsumverzicht für diese Generation. Der Staat holt quasi die bei der Elterngeneration unterlassene Steuererhöhung nach, für welche die Elterngeneration in Form höherer Ersparnisbildung (Kauf von Staatsanleihen) Rücklagen gebildet hat. Da darüber hinaus die Steuererhöhung lediglich dazu dient, die Staatsschulden zurückzuzahlen, und zwar an die Erben derjenigen Bürger, die dem Staat in der ersten Generation Geld geliehen haben, geschieht per Saldo – nichts. Das Ergebnis ist exakt dasjenige, das sich ergeben hätte, wenn der Staat bei der Elterngeneration die Steuern erhöht hätte anstatt sich zu verschulden. Genau das meinen Ökonomen, wenn sie sagen, dass wir uns die (interne) Staatsverschuldung (ohne Wachstumseffekte) selbst schulden. Man kann das als rein buchhalterische Verschuldung ohne realwirtschaftliche Auswirkungen bezeichnen. Im Übrigen entspricht die Analyse bis zu diesem Punkt ebenfalls dem Ricardianischen Äquivalenzprinzip.

In diesem Fall ist Staatsverschuldung, die sich über mehrere

Generationen erstreckt, lediglich eine *buchhalterische* Verschiebung der Besteuerung von der aktuellen Generation zur zukünftigen Generation, ohne zusätzliche Belastung der nachfolgenden Generationen. Belastet durch die Staatsverschuldung wird die erste Generation, in der der Staat sich verschuldet, weil diese zu erhöhter Ersparnisbildung und damit zu Konsumverzicht dieser Generation führt. Alle nachfolgenden Generationen werden definitiv nicht belastet. Die höheren Steuern zur Rückzahlung der verzinsten Staatsschuld sind lediglich ein buchungstechnischer Vorfall: Die Inhaber der Staatsschuldpapiere zahlen die höheren Steuern quasi an sich selbst. Ein realer Entzug von Ressourcen in dem Sinn, dass die Eltern auf Kosten der Kinder leben, ist in diesem Szenario nicht möglich.

Das ändert sich allerdings, wenn Staatsverschuldung ein *Crowding-out* von privaten Investitionen zur Folge hat, wie wir im vorigen Abschnitt gesehen haben, und wenn der Staat die aufgenommenen Schulden weniger produktiv verwendet, als es private Unternehmen des Landes getan hätten. Unter diesen Bedingungen kann die Staatsverschuldung negative Folgen für die zukünftigen Generationen haben: Durch die Staatsverschuldung entzieht der Staat der heutigen Generation Ressourcen, die er weniger produktiv verwendet, als es die Bürger getan hätten. Dadurch sinken die Investitionen mit der Folge, dass auch der Kapitalstock sinkt. Das wiederum zieht ein geringeres Produktionspotential nach sich; damit aber haben die kommenden Generationen geringere Produktionsmöglichkeiten und können niedrigere Wachstumsraten erzielen. In diesem Szenario führt Staatsverschuldung zu einer realen Belastung zukünftiger Generationen, weil dadurch das zukünftig mögliche Sozialprodukt sinkt. Die heutige Generation lebt in dem Sinn auf Kosten ihrer Kinder, als sie deren Produktionsmöglichkeiten durch einen kleineren Kapitalstock reduziert. Der tiefere Grund dafür liegt darin, dass die Ersparnisbildung nicht mit der zusätzlichen Staatsverschuldung Schritt hält. Die Elterngeneration spart zu wenig und konsumiert zu viel. Daher kann man berechtigterweise davon sprechen, dass die Elterngeneration auf Kosten ihrer Kinder lebt. Dieser Effekt tritt bei interner Staatsverschuldung ein, wenn der Staat das geliehene Geld unproduktiver verwendet als es die Unternehmen des Landes getan hätten, also wenn er es schlicht konsumiert oder es weniger rentabel investiert als private Unternehmer.

Wenn sich der Staat im Ausland verschuldet, so dass bei steigender Staatsverschuldung auch das Außenhandelsdefizit steigt, und die aufgenommenen Mittel konsumiert anstatt sie wachstumsfördernd zu investieren, dann ändert sich das Bild nochmals. In dieser Situation kann die erste Generation im Inland tatsächlich mehr konsumieren, als sie selbst erzeugt – infolge des (Netto-) Imports von Gütern und Dienstleistungen aus dem Ausland. Werden diese Schulden gegenüber dem Ausland erst in der nächsten Generation über höhere (Netto-) Exporte zurückgezahlt, entsteht eine reale Belastung der Kindergenerationen, da sie nun auf Ressourcen verzichten muss, um die Schulden gegenüber dem Ausland zurückzuzahlen. Ein Anstieg der Verschuldung im Ausland, verbunden mit unproduktiver Verwendung der entsprechenden Ressourcen, führt damit definitiv zu einer Belastung zukünftiger Generationen. Mit einem Umweg über das Ausland und Verschuldung kann eine Generation also doch bereits etwas konsumieren, das die nächste Generation erst produzieren muss.

Auch die in den nächsten beiden Abschnitten diskutierten Folgen von Staatsverschuldung – Inflation und Staatsbankrott – können drastische Belastungen heutiger und zukünftiger Generationen darstellen.

4. Inflation

Eine mögliche Folge zu hoher Staatsverschuldung ist Inflation, also ein Rückgang der allgemeinen Kaufkraft des Geldes. Die Inflationsrate (genauer: die Veränderung des Verbraucherpreisindexes), die das statistische Bundesamt regelmäßig für Deutschland ermittelt, gibt an, wie stark die Preise für einen bestimmten Korb von Waren gestiegen oder gefallen sind. Im Jahr 2010 stieg der Verbraucherpreisindex beispielsweise um 1,1 Prozent, d.h. der gleiche Warenkorb kostete zu Ladenpreisen im Jahr 2010 1,1 Prozent mehr als im Vorjahr. Andershe-

rum kann man auch sagen, dass die Kaufkraft eines Euros im
Jahr 2010 um 1,1 Prozent gefallen ist. Inflation ist für Schuldner grundsätzlich vorteilhaft, da sie die Rückzahlung ihrer Kredite in der Regel erleichtert. De facto stellt Inflation einen Ressourcentransfer von den Gläubigern zu den Schuldnern dar. Der
Schuldner leiht sich Geld vom Gläubiger, mit dem er Güter oder
Dienstleistungen erwerben kann. Tritt nun Inflation auf, so
sinkt die Kaufkraft des geliehenen Geldes. Für die gleiche nomi-
nale Menge Geld, die der Schuldner dem Gläubiger zum Ende
der Laufzeit des Darlehens zurückzahlt, kann sich der Gläubiger nicht mehr die gleiche Gütermenge kaufen, wie es dem
Schuldner vor dem Auftreten der Inflation möglich war. Der *Re-*
alwert der Schulden, also deren Kaufkraft gemessen in Gütern,
sinkt. Wenn die Inflationsrate höher ist als der vereinbarte Kreditzins, dann verbleibt dem Gläubiger am Ende der Laufzeit sogar weniger Kaufkraft, als er zu Beginn verliehen hat (und auf
die er für die Laufzeit des Kredits verzichtet hat).

Bezogen auf den Staat als Schuldner könnte Inflation die folgende Rolle spielen: Der Staat nimmt zuerst hohe Schulden auf
und sorgt danach mit zielgerichteter Politik für hohe Inflationsraten, um auf diesem Weg die reale Last seiner Schulden zu reduzieren. Umsetzen könnte der Staat das, indem er Anleihen
begibt, die er sodann an die Zentralbank veräußert. Mit dem
Geld der Zentralbank finanziert er dann seine Ausgaben (monetäre Alimentation der Staatsschuld). Umgangssprachlich wird
dann davon gesprochen, dass die Notenbank die Staatsverschuldung «über die Notenpresse» finanziert.

Im Ergebnis befindet sich durch den Ankauf der Staatsschulden eine höhere Geldmenge im Umlauf, was oft höhere Inflationsraten zur Folge hat. Eine Voraussetzung dafür, dass eine höhere Geldmenge zu einer höheren Inflationsrate führt, besteht
darin, dass die Produktionskapazitäten eines Landes voll ausge-
lastet sind. Dann führt die zusätzliche, kreditfinanzierte Nachfrage des Staates zu Preissteigerungen. Außerdem kann es dann
noch einen weiteren preistreibenden Effekt geben, den die ökonomische Theorie den Vermögenseffekt nennt: die Bürger, die
Anleihen des Staats kaufen, fühlen sich durch den Besitz dieser

Anleihen reicher und entfalten daher eine höhere Nachfrage nach Gütern, was wiederum deren Preise treibt. Wenn sich ein Land hingegen in einer Rezession mit unterausgelasteten Kapazitäten befindet, führt eine Geldmengenerhöhung in der Regel nicht zu höheren Inflationsraten.

Kommt es infolge der Staatsverschuldung über die Zentralbank jedoch zu höheren Inflationsraten, dann werden auf diesem Weg Ressourcen von den Bürgern an den Staat übertragen. Die Preise im Land steigen, womit der Realwert der vom Staat zurückzuzahlenden Schuld sinkt und es dem Staat leichter fällt, die Anleihen zu bedienen, denn mit der Inflation steigen auch die Steuereinnahmen (z. B. über die Mehrwertsteuer). Daher wird Inflation auch als eine andere Form der Besteuerung der Bürger bezeichnet: Inflation entzieht – wie eine Steuer – den Bürgern Kaufkraft und überträgt diese Kaufkraft an den Staat.

Ganz so einfach wie hier dargestellt sind die Zusammenhänge zwischen Inflation und Staatsschuld allerdings nicht. Ob der Staat auf diesem Weg seine Schulden reduzieren kann, hängt auch von den *Erwartungen der Gläubiger* ab. Dieser Wirkungsmechanismus läuft über den Zins, den der Staat auf seine Schulden zahlen muss. Die Verzinsung der Schulden ist für den Gläubiger nicht nur ein Ausgleich für seinen Konsumverzicht, sondern kann ihn auch vor Inflation schützen: je höher die erwartete Entwertung der Schulden durch die Inflation ist, umso höhere Zinsen werden die Gläubiger vom Staat verlangen.

Erwarten die Gläubiger beispielsweise eine Inflationsrate von zwei Prozent, so werden sie diese entsprechend in ihren Zinsforderungen berücksichtigen. Übersteigt die tatsächliche Inflationsrate dann die Zwei-Prozent-Marke, erleiden die Gläubiger einen inflationsbedingten Verlust auf ihre Forderungen gegenüber dem Staat. In diesem Fall sinkt bei gegebenem Nominalzins der Realzins, das ist der Kreditzins abzüglich der Inflationsrate. Bei einer Inflationsrate von zwei Prozent und einem Nominalzins von fünf Prozent beträgt der Realzins beispielsweise drei Prozent.

In dieser Situation erweist es sich für den Staat als schwierig,

das Spiel mit Notenpresse und Inflation dauerhaft zu seinen
Gunsten durchzusetzen: Steigt die Inflationsrate, so werden die
Bürger einen weiteren Anstieg der Inflation antizipieren und höhere Zinsen fordern, was den anfänglichen Vorteil der Inflation
für den Staat zunichte macht und die Finanzierung der Staatsschuld verteuert. Ein substantieller Gewinn des Staates aus höherer Inflation ist damit nur möglich, wenn er die Bürger mit
immer höheren Inflationsraten überrascht, denn dann fordern
seine Gläubiger zu Beginn der Laufzeit jeder Anleihe einen zu
niedrigen Zins, der nicht ausreicht, um sie für die Verluste aus
der unerwarteten Inflation zu entschädigen. Nur dann wird der
Staat zum Inflationsgewinner.

Damit aber in einem Umfeld bereits hoher Inflation die Gläubiger immer wieder überrascht werden, muss die Inflation immer schneller immer höher wachsen, um einen immer kleiner
werdenden Vorsprung der Inflationsrate vor den Nominalzinsen zu sichern. Diese Spirale aus Inflationserwartungen, Nominalzinsen und Inflationsraten endet dann in einer *Hyperinflation*. Dann bleibt nur noch die *Währungsreform* als letzter Ausweg, da in dieser Situation der Wert der vorhandenen Währung
sowie jegliches Vertrauen in sie komplett zerstört sind. Eine
ganze Reihe solcher Hyperinflationen mit anschließender Währungsreform finden sich im zwanzigsten Jahrhundert. Hierunter
fällt beispielsweise auch die deutsche Hyperinflation 1922/23
als Folge des Ersten Weltkriegs.

Eine mäßig erhöhte Inflationsrate führt jedoch keinesfalls automatisch zu Hyperinflation und in eine Währungsreform. Deswegen wurden im Zuge der weltweiten Finanzkrise des Jahres
2008 immer wieder Forderungen nach einer dauerhaft höheren
Inflationsrate laut, um damit die mit dieser Krise verbundenen
Probleme in den Staatsfinanzen zu lösen (46). Tatsächlich wären temporär etwas höhere Inflationsraten möglicherweise das
geringere Übel, falls damit höhere Arbeitslosigkeit vermeidbar
und höheres Wachstum erzielbar werden. Allerdings ist fraglich, ob der Staat ohne Weiteres die Inflationsrate kontrollieren
und erhöhen kann.(47) Aus den Erfahrungen in Deutschland
nach dem Ersten und Zweiten Weltkrieg und den hohen

Inflationsraten der siebziger Jahre haben Theorie und Politik gelernt. Spätestens seit Ende der achtziger Jahre sind die meisten Zentralbanken unabhängig und können kaum dazu gezwungen werden, die Schulden des Staates anzukaufen. In vielen Zentralbanksatzungen, auch in der Satzung der Europäischen Zentralbank, ist dies sogar explizit verboten. Damit ist den Regierungen der direkte Zugang zu einer Finanzierung der Staatsschuld über die Notenpresse eigentlich versperrt.

Je nach Höhe des staatlichen Schuldenstands könnte sich jedoch auch eine unabhängige Zentralbank zur monetären Alimentation der Staatsschuld genötigt sehen. Wenn sie nämlich streng auf eine stabile Inflationsrate achtet und keine Staatsanleihen ankauft und zudem durch restriktive Geldpolitik für hohe Zinsen am Kapitalmarkt sorgt, kann sie die Finanzierung der Staatsschulden so weit verteuern, bis ein Staatsbankrott droht. Vor die Wahl gestellt zwischen Staatsbankrott und Inflation, muss man vermuten, dass sich die Zentralbank dann für das wohl kleinere Übel, die Inflation, entscheiden wird. Die Zentralbank gerät sozusagen ins Schlepptau der Staatsverschuldung – auf lange Frist wird hohe Staatsverschuldung dann schließlich doch mit Inflation beantwortet.

Aus dieser Perspektive betrachtet kann eine unabhängige Geldpolitik der Zentralbank nur dann auch langfristig stabile Inflationsraten garantieren, wenn die Regierung diese mit einer nachhaltigen Fiskalpolitik flankiert. Die jüngsten Entwicklungen nach der Finanzkrise, in deren Folge die Zentralbanken weltweit dazu übergegangen sind, Staatsanleihen zu kaufen – im Rahmen des «Quantitative easing», mehr dazu in Abschnitt V.4 –, spricht ebenfalls für diese Sichtweise. Ob daraus auch höhere Inflationsraten folgen, ist bisher kaum absehbar. Immerhin haben die Zentralbanken theoretisch die Möglichkeit, das durch den Aufkauf von Staatsschuldtiteln in Umlauf gebrachte zusätzliche Geld durch den Verkauf dieser Staatsschuldtitel wieder einzusammeln.

Empirisch gibt es Befunde, die auf den diskutierten Zusammenhang zwischen Staatsverschuldung und Inflation hindeuten: Eine Studie für 71 Staaten über den Zeitraum von 1963 bis

2004 zeigt, dass vor allem hoch verschuldete Länder auch hohe Inflationsraten vorweisen (48). Eine Analyse der Staatsverschuldung in Deutschland, Frankreich, Italien und Großbritannien für die Jahre 1970 bis 1997 kommt zu dem Schluss, dass eine Zunahme der Staatsverschuldung kurzfristig zwar keine eindeutigen Folgen für die Inflationsrate hatte, langfristig aber eindeutig zu steigenden Inflationsraten in den einzelnen Staaten als auch in der EU als Ganzem führte. Ein Anstieg der Verschuldung um ein Prozent in Deutschland und Großbritannien beispielsweise trug im Schnitt zu einem langfristigen Anstieg der Inflation von mehr als einem Prozent bei (49).

Sollte die Finanzierung der Staatsverschuldung über Inflation an ihre Grenzen stoßen oder nicht möglich sein, bleibt einem hoch verschuldeten Staat, der keine neuen Kredite mehr bekommt, irgendwann nur noch ein letzter Ausweg: der Staatsbankrott.

5. Staatsbankrott

Der letzte Ausweg aus einer staatlichen Schuldenkrise ist eine *Umschuldung*, die umgangssprachlich auch als Staatsbankrott bezeichnet wird. Wie bereits in Kapitel I.1 dargelegt, kann ein Staat im Gegensatz zu einem privatwirtschaftlichen Unternehmen keine Insolvenz anmelden und den Geschäftsbetrieb einstellen. Eine Definition von Staatsbankrott (*Sovereign default*) ist also nicht einfach, da ein Staat nicht aufgelöst oder von einer anderen Partei übernommen werden kann. In der gebräuchlichsten Form spricht man von einem Staatsbankrott, wenn ein Staat seine Schulden nicht mehr zu den Bedingungen bedient bzw. zurückzahlt, zu denen er sie aufgenommen hat. Dies ist der Fall, wenn er:

– nur einen Teil des Nennwerts seiner Schulden zurückzahlt (ein so genannter *Haircut*);
– die Zinszahlungen auf seine Schulden reduziert,
– Zinszahlungen oder die Rückzahlung seiner Schulden über einen längeren Zeitraum streckt (Stundung).

Ein Staatsbankrott bedeutet also nicht notwendigerweise, dass der Staat seine Schulden überhaupt nicht mehr zurückzahlt – er zahlt eventuell nur noch einen Teil zu schlechteren Konditionen zurück. Die Kosten eines Staatsbankrotts für die Anleger berechnet man mittels der «Recovery Rate» (auch Verwertungs- oder Erlösrate genannt): sie gibt an, wie viel Prozent des investierten Geldes ein Gläubiger nach der Umschuldung noch zurückerhält. Die geschätzten Recovery Rates aus der Vergangenheit sind dabei recht unterschiedlich: Für die Insolvenz Argentiniens im Jahr 2005 betrug sie 27 Prozent, für Pakistan 69 Prozent, für Ecuador 62 Prozent, und für andere Staaten pendelt dieser Wert zwischen 40 und 80 Prozent. Moldawien reduzierte im Jahr 2002 seine Zahlungen lediglich um fünf Prozent, ebenso wie die Dominikanische Republik im Jahr 2005. Darüber hinaus hängt die Recovery Rate manchmal von der Identität des Gläubigers ab, so werden zum Beispiel in- und ausländische Gläubiger oft unterschiedlich behandelt. Uruguay erstattete nach einer Umschuldung den ausländischen Gläubigern 87 Prozent ihres Geldes zurück, die eigenen Bürger hingegen erhielten nur 76 Prozent. Die Ukraine zahlte bei einigen ihrer umgeschuldeten Anleihen den inländischen Gläubigern 93 Prozent ihrer Anlagen, den Ausländern aber nur 43 Prozent. Ähnlich war es im Fall von Russland – 55 Prozent für die Inländer, 38 Prozent für die Ausländer (50).

Die Folgen eines Staatsbankrotts sind für das betreffende Land weitreichend:

– Studien zeigen, dass ein Staatsbankrott das Wachstum des Sozialprodukts des Landes um 0,5 bis zwei Prozentpunkte senkt. Allerdings gibt es auch Hinweise darauf, dass dieser Effekt recht kurzfristig ist und sich mehr oder weniger auf das erste Jahr des Staatsbankrotts beschränkt – schon zwei, drei Jahre später lässt sich kein spürbarer Effekt mehr nachweisen (51).
– Eine weitere Folge eines Staatsbankrottes sind *höhere Zinskosten* für die betreffenden Staaten und schlechtere Bonitätsnoten von den Rating-Agenturen, welche die Zinskosten für

neue Schulden zusätzlich erhöhen. Nach einem Staatsbankrott muss ein Land im Jahr der Staatspleite einen Zinssatz zahlen, der im Schnitt um vier Prozentpunkte über den marktüblichen Zinsen liegt. Allerdings ist unklar, wie nachhaltig dieser Effekt ist – es finden sich Belege dafür, dass er eher kurzfristiger Natur ist (51). Für Schwellenländer gibt es aber Hinweise, dass Staaten, die in der Vergangenheit zahlungsunfähig waren, von den Rating-Agenturen über längere Frist eine geringere Bonitätsnote erhielten als Staaten mit ansonsten ähnlicher Finanzstärke (52).

– Die Zahlungsunfähigkeit eines Staates geht zumeist mit einer *Bankenkrise* oder einer *Währungskrise* einher. Eine Staatspleite in Kombination mit einer Bankenkrise bringt im Schnitt die höchsten Kosten für eine Volkswirtschaft mit sich. Lediglich eine dreifache Krise, bestehend aus Insolvenz, Bankenkrise und Währungskrise ist noch teurer (53). Dabei steigt das Risiko einer Bankenkrise um bis zu elf Prozentpunkte, wenn ein Land zahlungsunfähig wird. Eine solche Krise ist vor allem dann wahrscheinlich, wenn die inländischen Banken dem Staat viel Geld geliehen haben, das dieser nun nicht zurückzahlen kann. Eine solche Bankenkrise kann zu einem Zusammenbruch des Zahlungsverkehrs im Inland führen, der die ökonomischen Aktivitäten eines Landes zusätzlich lähmt.

– Bereits im Vorfeld der Zahlungsunfähigkeit kann es zu einer Abwertung der inländischen Währung kommen: der Wechselkurs fällt, die inländische Währung wird für das Ausland billiger. Die Abwertung wird umso stärker ausfallen, je höher die Verschuldung im Ausland ist. Wie wir in der Volkswirtschaftlichen Gesamtrechnung gesehen haben, geht die Verschuldung im Ausland einher mit einer negativen Außenhandelsbilanz, die zu einer Abwertung der inländischen Währung beiträgt. Verstärkt wird diese Abwertungstendenz durch eine Zunahme der Kapitalflucht ins Ausland, wenn die Anleger die Abwertung der heimischen Währung antizipieren. Vor allem im Zusammenhang mit festen Wechselkursen kommt es dann zu einer Währungskrise, an deren Ende in der Regel eine dras-

tische Abwertung der inländischen Währung steht. Sind die
Schulden des Staates in ausländischer Währung aufgenommen, so steigt die Schuldenlast in inländischer Währung gerechnet, da man nach der Abwertung eine größere Summe in
inländischer Währung zum Kauf der ausländischen Währung
und zur Begleichung der Schulden aufwenden muss.

– Auch die Finanzierung des Außenhandels mit anderen
Staaten kann durch eine Bankenkrise und die Unsicherheit
bezüglich des weiteren Schicksals des Staats massiv behindert
werden. Im Extremfall liefern Importeure nur noch gegen
Vorkasse, auch das schwächt die Handelsaktivitäten. Wie
stark eine Staatspleite den Außenhandel insgesamt beein-
trächtigt, ist schwer abzuschätzen. Für Länder, die ihre Schulden im Rahmen des Pariser Clubs umgeschuldet haben, finden sich Hinweise, dass der bilaterale Handel solcher Staaten
für bis zu 15 Jahre nach der Zahlungsunfähigkeit beeinträch-
tigt war, mit einem Minus von bis zu acht Prozent pro Jahr
(54; mehr zum Pariser Club in Kapitel V.2). Andere Studien
hingegen finden, dass der negative Effekt eines Staatsbankrotts für die Exporte eher kurzfristiger Natur ist (55).

– Ein Staatsbankrott hat auch politische Folgen: Schätzungen
gehen davon aus, dass die Zahl der Wählerstimmen für die
Regierung, die den Konkurs verkündet hat, um 16 Prozent
sinkt; in der Hälfte aller Fälle war spätestens das zweite Jahr
nach der Insolvenz Endstation für den jeweiligen Regierungs-
chef, der das Insolvenzverfahren eingeleitet hatte (51).

Ungeklärt ist bisher, ab welcher Schwelle der Staatsverschuldung man mit einem Staatsbankrott rechnen muss – hier scheint
es keine festen Gesetzmäßigkeiten zu geben. Wir haben vorhin
bereits die Schuldenstandsquote von 90 Prozent genannt, ab der
vermutlich die negativen Folgen der Staatsverschuldung für das
Wachstum ausgeprägter zum Vorschein kommen. Ab dieser
Marke beschleunigt sich wahrscheinlich auch der Weg in die
Umschuldung. Ob das aber für alle Länder gilt, unabhängig von
anderen wirtschaftlichen Kennzahlen, ist offen.

Eine andere Möglichkeit, kritische Schuldengrenzen zu ermitteln, besteht darin, sich ein Bild von den historischen Erfahrungen eines Landes mit früheren Schuldenkrisen zu machen. Experten des Internationalen Währungsfonds haben im Jahr 2010 die Erfahrungen verschuldeter Staaten mit hohen Schuldenständen untersucht und so genannte *fiskalische Schwellen* errechnet, bei deren Überschreiten die Schuldendynamik eines Landes explosiv und unberechenbar wird. Für die Bundesrepublik Deutschland beispielsweise schätzt der Währungsfonds diese fiskalische Schwelle auf eine Schuldenstandsquote von 155 Prozent. Bei einem geschätzten Schuldenstand von rund 81 Prozent des deutschen Sozialprodukts im Jahr 2015 liegen damit noch 74 Prozentpunkte Staatsverschuldung zwischen der tatsächlichen Verschuldung der Deutschen und dem Schwellenwert, ab dem es kritisch wird – das ist der fiskalische Spielraum. Für Italien und Japan sahen die Ökonomen des Währungsfonds den fiskalischen Spielraum dagegen bei Null. Griechenland hatte 2010 theoretisch noch einen fiskalischen Spielraum von rund 38 Prozentpunkten, die Vereinigten Staaten Amerikas hatten 74 Prozentpunkte Luft und die Briten 91 Prozentpunkte (56). Das Beispiel Griechenland zeigt allerdings, dass diese Werte mit großer Vorsicht zu betrachten sind.

Darüber hinaus muss man bei der Frage nach einer kritischen Schwelle der Staatsverschuldung zwischen interner und externer Verschuldung unterscheiden. Wie in Kapitel I.1 erläutert, kann der Staat die interne Verschuldung gegenüber seinen Bürgern prinzipiell jederzeit durch höhere Steuern finanzieren: ein Schuldenschnitt gegenüber inländischen Kreditgebern ist letztlich auch eine Form der Steuererhebung.

Anders verhält es sich mit der Verschuldung gegenüber dem Ausland. Hier hat der Staat nur zwei Möglichkeiten: Entweder er erklärt seine Zahlungsunfähigkeit – dann tragen die ausländischen Bürger die Lasten der verfehlten inländischen Schuldenpolitik (bis auf die Recovery Rate). Oder aber der Staat muss seine eigenen Bürger in der einen oder anderen Form belasten. Dazu stehen dem Staat folgende Instrumente zur Verfügung:

– Der Staat kann die *Steuern erhöhen*. Damit findet ein Ressourcentransfer von den Bürgern zum Staat statt, und der Staat nutzt diese Ressourcen zur Rückzahlung seiner Auslandsschulden. Die Bürger können diese Steuererhöhung ausgleichen, indem sie entweder weniger konsumieren oder weniger sparen. Eine geringere Ersparnis wird mit geringeren Investitionen einhergehen, wie in der volkswirtschaftlichen Saldenmechanik gezeigt, die wir bereits kennen gelernt haben. Die Schulden gegenüber dem Ausland werden letztlich dadurch abgetragen, indem man im Inland produzierte Güter ins Ausland exportiert. Das ist nur möglich, wenn die Bürger ihre Ansprüche an die Produktion im eigenen Land reduzieren, also entweder weniger davon konsumieren oder weniger davon investieren.

– Alternativ kann der Staat die staatlichen *Investitionen reduzieren*. Die Schulden im Ausland werden also dadurch finanziert, dass der Staat auf geplante Investitionen verzichtet. Dieser Verzicht auf die Beanspruchung der inländischen Produktion ermöglicht wiederum einen größeren Spielraum, heimische Güter ins Ausland zu exportieren. Die Folgen für das inländische Wachstum sind in der Regel negativ.

– Die einzige Möglichkeit, Schulden gegenüber dem Ausland zurückzuzahlen, ohne gegenwärtig auf Konsum oder Investitionen verzichten zu müssen, besteht darin, inländische Vermögenswerte ins Ausland zu verkaufen. Umgangssprachlich ist dann vom «Verkauf des Tafelsilbers» die Rede. Langfristig bedeutet diese Strategie allerdings einen Verlust an Volksvermögen, der ebenfalls eine langfristige Reduktion der gesamtwirtschaftlichen Produktivität und damit des Wirtschaftswachstums zur Folge haben kann.

Die Entscheidung eines überschuldeten Staats, die Zahlungsunfähigkeit gegenüber dem Ausland zu erklären, hängt also auch von seiner Außenhandelsbilanz ab. Die Frage ist nur, ab welchen Schwellenwerten ein Außenhandelsdefizit beziehungsweise eine negative Nettoauslandsposition ein Land in die Schuldenkrise stürzt. Als Faustregel wird in der Literatur (57) und der

Politik (58) ein Außenhandelsdefizit in Höhe von 5 Prozent des Bruttoinlandsprodukts genannt. In der Vergangenheit zeigte sich, dass ab diesem Schwellenwert ökonomische Anpassungsprozesse einsetzten, die dem Defizit tendenziell entgegenwirkten (59), ohne dass dies automatisch in einem Staatsbankrott mündete. Einschränkend muss hinzugefügt werden, dass es sowohl Länder gab und gibt, die ein Außenhandelsdefizit oberhalb der 5-Prozent-Schwelle aufweisen, ohne in eine Krise zu geraten, als auch Länder, die schon mit niedrigeren Defiziten in Krisen geraten sind.

Entscheidend bei einem Außenhandelsdefizit ist – wie grundsätzlich auch bei Staatsverschuldung –, wozu die aus dem Ausland ins Inland fließenden Mittel verwendet werden. Verschuldet man sich im Ausland für wachstumsträchtige Investitionen, aus deren Erträgen man später die Schulden nebst Zinsen zurückzahlen kann, so ist auch ein großes Defizit kein Problem. Werden die ausländischen Gelder aber für den Konsum bzw. für unproduktive Zwecke verwendet, so wird die Rückzahlung der Schulden gegenüber dem Ausland irgendwann in Frage gestellt.

6. Staatsverschuldung in einer Währungsunion

Alle bislang angestellten Überlegungen gelten zwar auch für Staatsverschuldung in einer föderalen Staatengemeinschaft oder in einer Währungsunion, aber es gibt darüber hinaus in solchen Fällen zusätzliche Aspekte, die man berücksichtigen muss. In einer Währungsunion einigen sich souveräne Mitgliedsstaaten darauf, auf flexible innergemeinschaftliche Wechselkurse zu verzichten. Das kann, muss aber nicht mit einer gemeinschaftlichen Währung einhergehen. Die Geldpolitik aller Mitgliedstaaten unterliegt dann nicht mehr der Hoheit der einzelnen Staaten, sondern wird an eine einzige supranationale Zentralbank ausgelagert. Damit entfällt der nationale Wechselkurs als Mechanismus des Ausgleichs im Außenhandels- und Kapitalverkehr der beteiligten Länder.

Der Verlust des Wechselkurses und der eigenständigen Geldpolitik hat massive Folgen für die Fiskalpolitik der Mitgliedstaaten der Währungsunion. Die Mitgliedschaft in einer Währungsunion kann dazu führen, dass einzelne Mitgliedstaaten ihre nationale Verschuldung stärker auszuweiten als im Falle einer eigenständigen Währung. Die Anreize dazu stammen aus mehreren Quellen.

Zunächst entfällt, wenn es keine Wechselkurse mehr gibt, für Investoren in einem Mitgliedsstaat der Währungsunion das Wechselkursrisiko, wenn sie in Staatsanleihen eines anderen Mitgliedstaats investieren. Bei flexiblen Wechselkursen muss man als Gläubiger eines fremden Landes damit rechnen, dass die Währung des betreffenden Landes abwertet – wer diesem Land Geld in dessen Währung geliehen hat, erhält dann in der eigenen Währung weniger Geld zurück.

Ein einfaches Beispiel macht diesen Punkt deutlich: Ein Europäer leiht einem Amerikaner 100 Dollar, die er zuvor zu einem Wechselkurs von 1:1 (ein Dollar entspricht einem Euro) umgetauscht hat. Der Amerikaner schuldet dem Europäer 100 Dollar, die dieser bei Rückzahlung wieder in Euro umtauscht. Wertet der Dollar nun ab, beispielsweise auf 1:0,5 (für einen Dollar bekommt man nun nur noch 50 Euro-Cents), dann erhält der Europäer für die geliehenen 100 Dollar, wenn er diese nach Rückgabe in Euro umtauscht, nur 50 Euro. Sein wechselkursbedingter Verlust beträgt 50 Euro.

Dieses *Wechselkursrisiko* lassen sich ausländische Investoren normalerweise bezahlen, indem sie von dem risikobehafteten Land einen höheren Zinssatz verlangen. Entfällt aufgrund der Einführung einer gemeinsamen Währung dieses Wechselkursrisiko, so entfällt auch dieser Zinsaufschlag. Das Land kann sich dann günstiger, zu geringeren Kreditzinsen, bei Investoren aus anderen Staaten der Währungsunion verschulden. Der niedrigere Preis für Staatsverschuldung, der durch den Wegfall des Wechselkursrisikos in der Währungsunion entsteht, erhöht den Anreiz, diese Verschuldung auszubauen.

Der Wegfall des Wechselkursrisikos führt außerdem über einen weiteren Kanal zu einem Anstieg der Kreditaufnahme: Die gemeinsame Währung schafft einen gemeinsamen Kapitalmarkt für alle an der Währungsunion beteiligten Staaten. Statt auf den kleineren nationalen Kapitalmarkt beschränkt zu sein oder aber höhere Zinsen aufgrund des Wechselkursrisikos zu zahlen, können die Mitgliedstaaten dadurch auf ein wesentlich größeres Kapitalangebot zurückgreifen. Die Finanzierungskosten der Staatsverschuldung sinken dadurch weiter.

Allerdings geht diese Ausweitung der Kapitalaufnahme unter Umständen zulasten der anderen Länder: Erhöht ein Land seine Kreditaufnahme, so kann diese zusätzliche Nachfrage nach Kapital zu steigenden Zinsen für die Union als Ganzes führen. Die anderen Mitgliedstaaten müssen damit ebenfalls höhere Zinsen für ihre Neuverschuldung zahlen. Wenn also Land A in der Währungsunion höhere Schulden macht, kann das zu steigenden Zinsen führen, die dann auch Land B zahlen muss. In der Literatur wird dies als externer Effekt bezeichnet.

Auch aus der Tatsache, dass in einer Währungsunion die Geldpolitik der Zentralbank nicht mehr der Kontrolle des einzelnen Mitgliedstaats unterliegt, kann Druck zur Aufnahme höherer Schulden entstehen. Da ein Land ohne eigene Zentralbank seine Staatsfinanzen in keinem nennenswerten Umfang über einen Anstieg der nationalen Inflationsrate erhöhen kann, ist es gezwungen, entweder die Steuern zu erhöhen, die Ausgaben zu senken oder aber die Schulden anwachsen zu lassen. Oft ist eine Steuererhöhung oder Ausgabensenkung für die Regierung politisch nicht opportun, weil sie deren Wiederwahl gefährdet. Ohne Währungsunion bestand der Ausweg aus diesem Dilemma darin, über eine Geldmengenerhöhung der nationalen Zentralbank die Inflationsrate zu erhöhen. In einer Währungsunion bleibt dagegen nur noch der Ausweg über höhere Verschuldung. Dies vielleicht verbunden mit der Hoffnung, dass die für die gemeinsame Geldpolitik zuständige gemeinsame Zentralbank irgendwann die Inflationsrate erhöht. Dies kann (und wird) jedoch auf den Widerstand der stabilitätsorientierten Mitgliedstaaten stoßen, die Wert auf eine niedrige Inflationsrate legen.

Ein weiterer Kanal, der die Anreize zur Verschuldung in einer Währungsunion erhöhen kann, sind die Erwartungen eines *Bailouts*. Dahinter steht die Überlegung, dass die Mitglieder einer Währungsunion es aus politischen und ökonomischen

Gründen nicht zulassen werden, dass eines ihrer Mitglieder insolvent wird. Im Fall einer Schuldenkrise wird man diesem Land beistehen. Die Erwartung eines solchen Bailouts führt dazu, dass das betreffende Land sorgloser mit seiner Verschuldung umgehen kann, da es auf die Hilfe der Union hofft, wenn es zu einer Schuldenkrise kommt. Zugleich werden auch die Kapitalmärkte großzügiger Kredite an solche Staaten vergeben, wenn sie erwarten, dass bei einer drohenden Insolvenz die Mitglieder der Währungsunion die Schulden des insolvenzbedrohten Landes übernehmen werden. Haben die Kapitalgeber diese Erwartung, so sinkt die Risikoprämie, welche die Kapitalgeber normalerweise von Staaten mit hoher Verschuldung fordern. Diese Prämie, die sich als Aufschlag auf den Kreditzins zeigt, ist der Preis für das Risiko, dass ein Land seine Schulden nicht zurückzahlen kann. Rechnet der Kapitalgeber aber damit, dass in einem solchen Fall die Mitglieder der Währungsunion für diese Schulden geradestehen, so wird er darauf verzichten und auch potentiell insolvenzgefährdeten Staaten billigere Kredite geben. Mit anderen Worten: Gerade jene Staaten, deren Schuldensituation ohnehin problematisch ist, erhalten durch die Mitgliedschaft in der Währungsunion den Zugang zu billigeren Krediten.

Will man die einer Währungsunion innewohnenden Anreize zu höherer Verschuldung reduzieren, so besteht eine Möglichkeit darin, die Fiskalpolitik der Mitgliedstaaten zu harmonisieren oder gar zu zentralisieren. Auf diesem Weg kann man verhindern, dass ein Staat finanzpolitisch aus der Reihe tanzt. Allerdings scheitert diese Option zumeist am politischen Willen, da sie einen enorm hohen Verlust an staatlicher Souveränität bedeutet. Die Budgetpolitik eines Staates liegt dann nicht mehr alleine in den Händen der nationalen Regierung. Das Bundesverfassungsgericht hat in seinem Urteil zur Rechtmäßigkeit des Euro-Rettungsschirms eigens darauf hingewiesen, dass der Haushaltsausschuss des Bundestags entsprechenden Hilfszahlungen in den jeweiligen Einzelfällen zustimmen muss. Das nationale Budgetrecht des Parlaments darf nach den Vorgaben des Grundgesetzes nicht angetastet werden (60).

Die andere grundsätzliche Möglichkeit, eine Zunahme der strukturellen Staatsverschuldung innerhalb einer Währungsunion zu verhindern, besteht in der Einführung gemeinsamer Schuldenregeln. Diesen Weg ist man bei der Gründung der Europäischen Währungsunion gegangen, als man in den so genannten *Konvergenzkriterien* festlegte, dass die Nettoneuverschuldung eines Mitgliedstaates den Wert von drei Prozent und der Schuldenstand 60 Prozent des Bruttoinlandsprodukts nicht überschreiten darf. Wer Mitglied der Währungsunion werden wollte, sollte diese Kriterien einhalten.

Um sicherzustellen, dass die Mitgliedstaaten der Währungsunion auch nach dem Eintritt in die Währungsunion finanzpolitische Disziplin üben, wurde vor allem auf Betreiben der Deutschen der Stabilitäts- und Wachstumspakt geschlossen. Artikel 126 des Vertrages über die Arbeitsweise der Europäischen Union fordert, dass die Mitgliedstaaten «übermäßige öffentliche Defizite» vermeiden. Die Kommission überprüft anhand der Konvergenzkriterien Schuldenstand und Neuverschuldung. Zur Erreichung dieser Ziele bestehen folgende Maßnahmen:

– Stabilitätsprogramme, in denen die Mitglieder der Währungsunion dem Rat und der Europäischen Kommission Auskunft über ihre Finanz- und Wirtschaftspolitik geben müssen (Nicht-Mitglieder legen Konvergenzprogramme vor). Der Rat gibt dazu eine Stellungnahme ab mit Empfehlungen an den betroffenen Staat, sofern er einen Änderungsbedarf bei der Finanzpolitik sieht (präventiver Arm des Stabilitäts- und Wachstumspakts).
– Zusätzlich gibt es länderspezifische Mittelfristziele, die darauf abzielen, dass die Länder einen konjunkturbereinigt ausgeglichenen Haushalt erreichen. Sie sollen also ihr strukturelles Defizit reduzieren.
– Im Rahmen der Maastricht-Meldung müssen die Mitgliedstaaten zweimal im Jahr ihre öffentlichen Defizite und Schuldenstände der Kommission mitteilen. Kommt der Rat zum Schluss, dass ein Staat ein übermäßiges Defizit aufweist, wird

ein Defizitverfahren eingeleitet, in dessen Verlauf es zu Sanktionen (beispielsweise Geldstrafen) kommen kann.

Streng genommen stellen diese Maßnahmen einen Versuch zur Minimalkoordinierung der Fiskalpolitik dar. Die Krise der Europäischen Währungsunion im Jahr 2010 und die Schuldenkrisen Griechenlands, Irlands, Portugals und Spaniens haben aber gezeigt, dass diese Maßnahmen nicht wirksam sind. Eine Arbeitsgruppe um den Präsidenten des Europäischen Rats, Herman Van Rompuy, kam zum Ergebnis, dass der Stabilitäts- und Wachstumspakt nicht ausreichte, um finanzpolitische Fehlentwicklungen zu verhindern (61). Dementsprechend haben sich die EU-Mitgliedstaaten auf eine Verschärfung der finanz- und wirtschaftspolitischen Überwachung verständigt (62) und verstärkte Maßnahmen zur haushalts- und wirtschaftspolitischen Koordinierung ergriffen. Die Rettungsmaßnahmen der EU erörtern wir im Detail im dritten Abschnitt des nächsten Kapitels. Insgesamt laufen diese Maßnahmen auf eine stärkere Koordinierung der Finanzpolitik der Mitgliedstaaten hinaus, also eine Zunahme der budgetpolitischen Entmachtung der nationalen Parlamente, oder zumindest auf eine Selbstbindung der Mitgliedstaaten hinsichtlich des Ausgleichs der öffentlichen Haushalte. Welche Alternativen es zu diesem Vorgehen geben könnte, erläutern wir im nächsten Kapitel, nachdem wir die bestehenden Möglichkeiten zur Begrenzung der staatlichen Schuldenaufnahme kennengelernt haben.

V. Auf der Suche nach Auswegen

1. Staatliche Schuldengrenzen

Will man angesichts der negativen Folgen der Staatsverschuldung diese wirksam begrenzen, so muss man die Grenzen der staatlichen Verschuldung in Form von Schuldengrenzen in der Verfassung eines Landes verankern. Im Extremfall kann eine

solche Schuldengrenze vorsehen, dass das staatliche Budget jederzeit ausgeglichen sein muss, also de facto ein Verbot der
Schuldenaufnahme des Staates zur regulären Haushaltsfinanzierung festgelegt wird. Eine solche Regelung wäre – abgesehen
von den politischen Schwierigkeiten, diese durchzusetzen – nur
sinnvoll, wenn man jegliche Begründung für staatliche Verschuldung ablehnt. Akzeptiert man jedoch grundsätzlich die
Richtigkeit und Notwendigkeit einer begründeten Schuldenfinanzierung bestimmter staatlichen Ausgaben (die Argumente
dafür haben wir in Kapitel II diskutiert), dann geht es bei Schuldengrenzen darum, das Ausmaß respektive den Einsatz der Verschuldung sinnvoll zu begrenzen. Bei diesen so genannten nu-
merischen Haushaltsregeln gibt es

– statische Defizitregeln, die eine feste Obergrenze für die jährliche Schuldenaufnahme vorsehen (ein Beispiel dafür ist die
  3-Prozent-Defizitgrenze des bisherigen Stabilitäts- und
  Wachstumspakts für den Euro-Raum),
– dynamische Defizitregeln, welche die zulässige Defizitgrenze
  von der aktuellen Konjunktursituation abhängig machen
  (beispielsweise die Regelungen des Artikel 115 Grundgesetz,
  siehe unten), und
– Schuldenregeln, die nicht auf das jährliche Defizit, sondern
  auf den Schuldenstand abstellen (wie beispielsweise die
  60-Prozent-Schuldenregel des bisherigen Stabilitäts- und
  Wachstumspakts für den Euro-Raum). Diese Regelungen er-
  lauben größere Flexibilität in den jährlichen Defiziten.

Darüber hinaus existieren auch
– objektorientierte Schuldenregeln, die auf die Verwendung der
  aufgenommenen Schulden abstellen (beispielsweise die weiter
  unten vorgestellte «Goldene Regel»), indem sie die Zulässig-
  keit der Kreditfinanzierung an bestimmte Ausgabenkatego-
  rien binden, sowie
– Ausgabenregeln, die nicht das Defizit oder den Schuldenstand
  begrenzen, sondern die Ausgaben des Staates. Wer neue Ausgaben tätigen will, muss zugleich festlegen, wie diese zu fi-

nanzieren sind. Solche Regeln haben den Vorteil, dass politischer Druck, zusätzliche Einnahmen für eine Ausweitung der Gesamtausgaben zu verwenden, ins Leere läuft. Zudem hofft man, dass sich durch solche Regelungen das prozyklische Ausgabenverhalten in Ländern verringern lässt (63).

In der Bundesrepublik Deutschland war bis zur Neuregelung durch die Föderalismusreform II im Jahr 2009 die Grenze für die staatliche Neuverschuldung in Artikel 115 des Grundgesetzes objektorientiert definiert: Die Nettokreditaufnahme sollte die Ausgaben für Nettoinvestitionen nicht überschreiten. Ähnliche Regelungen lagen auch den deutschen Länderhaushalten zugrunde. Diese Regeln basieren auf Überlegungen zu einer investitionsorientierten Verschuldung, die wir in Kapitel II.1 erörtert haben. Ökonomen sprechen von der «Goldenen Regel» der Staatsverschuldung, nach der Staatsverschuldung als Finanzierungsinstrument akzeptabel ist, wenn sich die staatliche Netto-Vermögensposition durch die Neuverschuldung nicht verschlechtert – jeder Neuverschuldung für ein Investitionsobjekt steht der Erwerb eines Vermögensgegenstands mit gleichem Wert gegenüber.

Obwohl die Goldene Regel leicht nachvollziehbar ist und überzeugend klingt, versagte Artikel 115 GG in der Praxis aus mehreren Gründen:

– Der Investitionsbegriff wurde nie eindeutig definiert. Die jeweilige Regierung erhöhte ihre Verschuldungsmöglichkeiten dementsprechend, indem sie den Investitionsbegriff sehr weit fasste.
– Ausnahmen von der Regel des Artikels 115 GG waren zulässig und zwar «... zur Abwehr einer Störung des gesamtwirtschaftlichen Gleichgewichts». Diese dynamische Ausnahmeregelung fußt auf den Überlegungen zur antizyklischen keynesianischen Konjunkturpolitik (vgl. Kapitel II.2) und ist damit grundsätzlich sinnvoll. Allerdings wurde auch dieser Ausnahmetatbestand nie exakt definiert. Das hat willkürlichen Überschreitungen der Verschuldungsregel, die man mit

einer Störung des gesamtwirtschaftlichen Gleichgewichtes
begründete, Tür und Tor geöffnet. Seit der Einführung von
Artikel 115 GG im Jahr 1969 wurde bis 2010 lediglich in 24
von 41 Jahren *kein* gesamtwirtschaftliches Ungleichgewicht
diagnostiziert (64, 65).

– Die Regeln des Artikel 115 GG wirkten asymmetrisch über
 den Konjunkturzyklus: Bei der Feststellung eines gesamtwirtschaftlichen Ungleichgewichts war die Nettokreditaufnahme
 nicht begrenzt, aber dem stand keine Verpflichtung zur Rück-
 führung dieser Defizite im Aufschwung gegenüber.

Das Ergebnis dieser unzureichend definierten Verschuldungsregel war, dass die Verschuldungsgrenzen in Artikel 115 GG
kaum eingehalten wurden. Zwischen 1991 und 2005 zählten
Ökonomen 68 Verstöße gegen Art. 115 GG respektive die entsprechenden Ländervorschriften (63). Juristische Konsequenzen
hatte das für die jeweiligen Regierungen nicht (66).

Der Misserfolg des alten Artikels 115 GG äußert sich nicht
zuletzt im kontinuierlichen Anstieg der deutschen Staatsverschuldung (vgl. Abbildung 2). Um eine wirksame Schuldenbremse zu implementieren, wurde schließlich auch von politischer Seite eine Änderung des Grundgesetzes angestrebt. Mit
dem Haushaltsjahr 2011 gilt die im Rahmen der Föderalismusreform II eingeführte neue Verschuldungsregel für den Bundes-
haushalt (*Schuldenbremse*), welche die Regelungen des bis 2009
geltenden Artikels 115 Grundgesetz durch Neufassung der Artikel 109 und 115 GG ersetzt (67).

Diese Schuldenbremse besteht aus mehreren Elementen (68).
Um eine langfristige tragfähige Entwicklung des Bundeshaus-
halts zu sichern, gilt erstens ab 2016 eine Obergrenze für die
zulässige strukturelle Nettokreditaufnahme von 0,35 Prozent
des Bruttoinlandsprodukts (die so genannte Strukturkomponente). Diese strukturelle Neuverschuldung soll unabhängig
von der aktuellen Konjunkturentwicklung zur dauerhaften
Stärkung von Wachstum und nachhaltiger Entwicklung dienen.
Diese Regelgrenze darf nicht durch die Einrichtung neuer Sondervermögen mit eigener Kreditermächtigung überschritten

werden. Für die Jahre bis einschließlich 2015 ist eine Übergangsregelung vorgesehen, welche die Strukturkomponente in gleichmäßigen Schritten auf den Zielwert von 0,35 Prozent des Bruttoinlandsprodukts im Jahr 2016 zurückführt.

Weiterhin werden die Einnahmen und Ausgaben des Staates um finanzielle Transaktionen bereinigt (Saldo der finanziellen Transaktionen). Das sind nicht vermögenswirksame Einnahmen und Ausgaben. Beispiele dafür sind Einmalerlöse aus Privatisierungen (hier wird nur Vermögen gegen Kassenzugang getauscht, dieser Kassenzugang wird deswegen aus den Einnahmen herausgerechnet), Darlehen an Verwaltungen (diesen Darlehen stehen entsprechende Forderungszugänge gegenüber, weswegen sie bei den Ausgaben abgezogen werden) oder Darlehensrückzahlungen von Verwaltungen (der Rückzahlung steht ein Rückgang an Forderungen gegenüber, also zählen die Rückzahlungen nicht als Einnahmen).

Um eine konjunkturgerechte Haushaltspolitik zu ermöglichen, sieht die Schuldenbremse außerdem eine Konjunkturkomponente vor. Die Obergrenze für die Nettokreditaufnahme wird in konjunkturell schlechten Zeiten erweitert, muss aber in konjunkturell guten Zeiten wieder eingeschränkt werden – das entspricht dem Konzept einer symmetrischen antizyklischen Konjunkturpolitik im eigentlichen keynesianischen Sinn. Zur Bestimmung der Konjunkturkomponente des Haushalts wird die Produktionslücke (die Differenz zwischen dem tatsächlichen Sozialprodukt und dem Sozialprodukt, das bei Vollauslastung der Produktionskapazitäten möglich wäre) mit der Budgetsensitivität multipliziert (diese gibt an, wie Einnahmen und Ausgaben des Staates auf eine Veränderung der gesamtwirtschaftlichen Aktivität reagieren).

Um die Einhaltung der neuen Schuldenregel sicherzustellen, wird ein Kontrollkonto eingerichtet, das mit einer Ausgleichspflicht versehen ist. Auf diesem Konto werden die jährlichen Abweichungen von der zulässigen Kreditaufnahme festgehalten und aufgerechnet. Bei einer Unterschreitung der Verschuldungsgrenze im jeweiligen Haushaltsjahr kommt es zu einer Gutschrift auf dem Kontrollkonto, eine Überschreitung führt zu einer Belastung des Kontos. Überschreiten die saldierten Belastungen des Kontrollkontos den Schwellenwert von 1,5 Prozent des Bruttoinlandsprodukts, ist dieser Saldo konjunkturgerecht zurückzuführen.

Ausnahmeregelungen von den Regelungen der Schuldenbremse gibt es nur bei Naturkatastrophen oder in außergewöhnlichen Notsituationen, die sich der Kontrolle des Staates entziehen und welche die staatliche Finanzlage erheblich beeinträchtigen. Allerdings ist diese erhöhte Schuldenaufnahme im Ausnahmefall nur möglich, wenn der Bundestag mit einer Kanzlermehrheit zustimmt und wenn ein verbindlicher Tilgungsplan vorliegt.

Zusätzlich zur Schuldenregel wurde ein Frühwarnsystem zur Vermeidung künftiger Haushaltsnotlagen eingeführt. Ein Stabilitätsrat (69) soll außerdem die Haushalte von Bund und Ländern überwachen und im Falle drohender Haushaltsnotlagen ein Sanierungsverfahren mit der betroffenen Gebietskörperschaft vereinbaren und dessen Umsetzung kontrollieren.

Ein grundsätzliches Problem dieser Schuldengrenzen ist darin zu sehen, dass sie Glaubwürdigkeit voraussetzen und dass eine Verletzung dieser Regeln unmittelbare Konsequenzen für die betreffende Regierung haben muss. Hat eine Verletzung der Regeln keine Folgen für die Regierung, so gibt es wenig Grund zur Annahme, dass sie sich auch an diese halten wird.

Darüber hinaus wird an der neuen Schuldenbremse insbesondere kritisiert, dass derartige Regelungen ohne Objektorientierung das Wachstum einer Volkswirtschaft hemmen können (70): Da sie nicht zwischen Konsum- und Investitionsausgaben unterscheiden, wird ein Staat mit einer solchen Schuldengrenze sich im Zweifelsfall für die politisch attraktiveren Konsumausgaben entscheiden und gegen wachstumsfreundliche Investitionen. Dieses Argument spricht für investitionsorientierte Schuldenregeln wie die frühere «Goldene Regel» des Artikel 115 GG. Dieser Gedankengang ist grundsätzlich korrekt, aber die Erfahrungen mit Artikel 115 GG haben gezeigt, dass eine Unterscheidung zwischen staatlichen Konsum- und Investitionsausgaben in der Praxis nicht funktioniert. Im Zweifelsfall erklärt die amtierende Regierung Konsumausgaben zu Investitionsausgaben, um diese dann mit Schulden finanzieren zu können.

Ein gänzlich anderer Ansatz zur Begrenzung der Staatsverschuldung setzt direkt am demokratischen Prozess der Schuldenaufnahme an. Die Idee besteht darin, die Staatsverschuldung durch Schranken im parlamentarischen Prozess zu erschweren, beispielsweise indem man qualifizierte Mehrheiten für staatliche Verschuldung verlangt oder die Überschreitung einer bestimmten Schuldenschwelle von solchen Mehrheiten abhängig macht (vgl. z. B. (71)).

2. Entschuldung

Greifen die Regeln zur Begrenzung der Staatsverschuldung nicht, kann die Schuldendynamik bis zur staatlichen Insolvenz führen. Wie bereits erörtert, kann diese Insolvenz entweder eine zeitliche Streckung der Schuldentilgung oder eine Kürzung der Zinszahlungen und Rückzahlungen beinhalten, oder beides. In jedem Fall wird der betroffene Staat nicht umhin kommen, seine Ausgaben zu reduzieren und seine Einnahmen zu erhöhen (*Konsolidierungspolitik*). Die Kürzung staatlicher Leistungen sowie erhöhte Belastungen der Bürger sind mit politischem Widerstand verbunden. Befindet sich der Staat zudem in einer Konjunkturkrise, können sich diese Maßnahmen zumindest kurzfristig als kontraproduktiv erweisen, da sie die Konjunkturkrise tendenziell verschärfen.

Diese Effekte sprechen eher dafür, auf eine Streichung der Schulden hinzuarbeiten als auf ein langwieriges Abstottern im Rahmen einer Umschuldung. Mittels einer Schuldenstreichung kann man die aufgelaufenen Altschulden für das Inland schmerzloser abbauen. Allerdings deutet eine staatliche Insolvenz auch darauf hin, dass die aktuelle Ausgaben- und Steuerpolitik des betreffenden Staates nicht nachhaltig ist und ohne gravierende Änderungen der bisherigen Politik eine weitere Krise der Staatsfinanzen vorprogrammiert ist. Insofern ist eine staatliche Insolvenz zwingend mit einer Reform der staatlichen Finanzpolitik verbunden. Nicht zuletzt ist eine solche Politik auch mit Blick auf die ausländischen Gläubiger erforderlich, die ja auf einen Teil ihres Geldes verzichten sollen. Kein Gläubiger ist bereit, auf Forderungen zu verzichten, wenn der Schuldner sein Verhalten, das zu diesem Forderungsverzicht geführt hat, nicht ändert.

Institutionell wird der Schuldenerlass für Staaten vom Londoner Club und vom *Pariser Club* begleitet. Der Pariser Club ist ein informelles Gremium, das mit insolventen Staaten über Umschuldungen und eine Anpassung des Schuldendienstes verhandelt. So wurden beispielsweise der Republik Togo (Westafrika) die Schulden im Rahmen des Programms für hochverschuldete arme Länder im Dezember 2010 erlassen. In diesem Club verhandeln nur die staatlichen Gläubiger mit dem jeweiligen Schuldnerland. Der Vorteil dieser Einrichtung besteht darin, dass die Schuldnerländer nicht mit mehreren Gläubigern parallel verhandeln müssen. Für die Gläubigerländer besteht der Vorteil des Clubs darin, dass sie bei diesen Verhandlungen gleichbehandelt werden (Gleichbehandlungsklausel). Die privaten Gläubiger insolventer Staaten, in Gestalt der Banken, sind im *Londoner Club* zusammengeschlossen. Dieser verhandelt mit Staaten, die ihren Zahlungsverpflichtungen nicht nachkommen, über Umschuldung.

Eine weitere wichtige Institution im Zusammenhang mit staatlicher Schuldenpolitik ist der 1944 gegründete Internationale Währungsfonds (IWF, englisch International Monetary Fund oder IMF). Eine der Hauptaufgaben des IWF ist es, Länder mit Zahlungsbilanzschwierigkeiten mit Krediten zu unterstützen. Die Gelder des IWF sollen dem betreffenden Land helfen, Währungsreserven aufzubauen und seine Zahlungsbilanzprobleme zu lösen. Im Gegensatz zu Entwicklungshilfeorganisationen oder der Weltbank vergibt der IWF keine Kredite für spezielle Projekte.

Der IWF verfügt über verschiedene Kreditinstrumente (so genannte Fazilitäten), die auf die jeweiligen Umstände und Empfängerländer abgestimmt sind. Die Kreditvergabe erfolgt dabei gestaffelt. Die Finanzierung der Kredite auf Seiten der Mitgliedsländer des IWF orientiert sich an den Kapitalanteilen, welche die Mitgliedsländer am IWF halten, den so genannten Quoten. Die Höhe der Quote entscheidet auch über die Möglichkeiten eines Landes, sich vom IWF Geld zu leihen. Bei der Vergabe der Hilfen lässt sich der IWF von zwei Prinzipien leiten: Erstens wird eine möglichst rasche Rückzahlung erwartet, der IWF soll sozusagen nur ein Katalysator sein, aber kein langfristiger Entwicklungshelfer. Zweitens muss das betreffende Land dem IWF darlegen, wie es seine Probleme lösen will, so dass eine Rückzahlung der Kredite innerhalb von drei bis fünf Jahren möglich ist. Diese Verknüpfung der Kreditvergabe mit wirtschaftspolitischen Auflagen (Konditionalität) hat dem IWF viel Kritik eingebracht. Der eher politisch motivierte Vorwurf, dass der IWF die betreffenden Länder einem «Diktat» unterwerfe, ist aus ökonomischer Sicht wenig hilfreich: Wer einem Land in einer Schuldenkrise Geld leiht, muss darauf achten, was das betreffende Land mit diesem Geld macht. Schwerer wiegt schon der Einwand, dass die Auflagen des IWF für das betreffende Land nicht immer geeignet und wenig zielführend waren.

Die Geschichte des IWF zeigt, dass die Auflagen meist nur in der akuten Krisensituation eingehalten wurden und dass es danach häufig zu einem Rückfall kam. So wurden einer Studie des IWF zufolge bei den Vorgaben zum Defizitabbau und zur Verbesserung der Haushaltssaldos in rund 60 Prozent der Fälle die fiskalischen Ziele verfehlt. Dabei zeigte sich, dass neue Mitglieder des IWF, die Transformationsländer in den ehemaligen Ostblockstaaten, die Auflagen des IWF recht gut befolgten, während die Bilanz der Länder, die den Fonds und seine Gewohnheiten schon länger kannten, sehr schlecht war. Die Studie kommt zu dem Schluss, dass Regierungen nur dann sparen, wenn der Druck hoch ist und es gar nicht mehr anders geht (72).

Auffallend ist, dass es trotz zahlreicher Insolvenzen von Staaten und zahlreicher Schuldenkrisen bisher keine einheitliche Vorgehensweise gibt, an der sich Schuldner und Gläubiger in diesem Fall orientieren können. Daher wird von unterschiedlicher Seite die Einrichtung einer internationalen *Insolvenzordnung für Staaten* gefordert. Diese Ordnung soll festlegen, wann der Insolvenzfall eintritt und welche Konsequenzen dies für das betreffende Land und die beteiligten Gläubiger hat. Eine solche Ordnung würde Rechtsicherheit schaffen und die Erwartungen der Käufer von Staatsanleihen stabilisieren. Der Schwachpunkt dieser Vorschläge besteht allerdings in der Unmöglichkeit, diese Insolvenzordnung auch rechtlich verbindlich zu machen. Man muss befürchten, dass ein Land, das sich auf diese Ordnung verpflichtet hat, den sich daraus ergebenden Verpflichtungen im Insolvenzfall dennoch nicht nachkommt (73).

3. Entschuldung in Staatengemeinschaften und die Krise der Europäischen Union

Im Gegensatz zu souveränen Staaten, bei denen eine Schuldenkrise letztlich nur noch durch eine Staatsinsolvenz oder mittels entsprechender Sparpolitik gelöst werden kann, besteht bei föderalen Gemeinschaften oder Staatengemeinschaften im weiteren Sinne – also vor allem in Währungsunionen – als weitere Lösungsmöglichkeit die solidarische Hilfe der Gemeinschaft. In diesem Fall übernehmen die Mitglieder der Gemeinschaft einen Teil der Schulden oder geben zumindest Hilfe zur Überbrückung temporärer Zahlungsschwierigkeiten eines Mitgliedstaates (Bailout). Dies kann in Form direkter Transferzahlungen bzw. Kredite geschehen oder aber durch die Abgabe von Kreditgarantien. Im zweiten Fall übernimmt der Garantiegeber die Begleichung der Schulden erst, wenn der Schuldner nicht mehr zahlen kann.

Aber warum sollte eine föderale Gemeinschaft für die Schulden eines ihrer Mitglieder aufkommen? Das erste Argument stellt auf die *Solidarität des Staatenverbundes* ab: Zur Zugehörigkeit zu einem Verbund gehört auch, ein Mitglied der Gemeinschaft in Notsituationen nicht im Stich zu lassen. Dieses Argument darf allerdings nicht überstrapaziert werden, es ist vermutlich nur für einen regional und national engen Staatenverbund wirklich stichhaltig. Anwendung findet dieses Argument beispielsweise in Deutschland für den Fall, dass einzelne Bundesländer unter akuten Zahlungsschwierigkeiten leiden – so geschehen im Fall von Bremen und des Saarlands (vgl. Kapitel III). Wie weit diese innergemeinschaftliche Solidarität geht, ist eine politische Frage. Entscheidend dürfte auch die Akzeptanz solcher solidarischer Aktionen bei denjenigen sein, die dafür aufkommen müssen.

Das zweite Argument für eine innergemeinschaftliche Haftung für die Schulden einzelner Mitgliedstaaten zielt auf den Bestand der föderalen Gemeinschaft ab: Die Insolvenz eines Gemeinschaftsmitglieds könnte dazu führen, dass die Gemeinschaft auseinanderbricht. Konkret wurde dieses Argument auch im Zuge der Schuldenkrise der Europäischen Union vorgetragen: Erhalte Griechenland keine Hilfe und erkläre sich für zahlungsunfähig, dann werde die Europäische Währungsunion zerbrechen und auch der Gemeinsame Binnenmarkt sei dann in Gefahr.

Ökonomisch betrachtet ist die Gültigkeit dieser Argumentation für die Währungsunion fraglich. Die Insolvenz eines Mitgliedstaats einer Währungsunion hat nicht zwingend das Auseinanderbrechen dieser Union zur Folge. Ebenso wenig ist zu erkennen, warum dann auch der gemeinsame Binnenmarkt scheitern sollte, denn ein gemeinsamer Binnenmarkt benötigt nicht zwingend eine gemeinsame Währung (74). Man muss eher von einem *politischen* als einem ökonomischen Scheitern einer Währungsunion sprechen: Die Insolvenz eines Mitgliedstaates und der möglicherweise sich daran anschließende Austritt dieses Landes aus der Union könnte anderen Staaten, die von der Vorteilhaftigkeit ihrer Mitgliedschaft in der Union nicht überzeugt sind, als Anlass dienen, ebenfalls auszutreten. Die Insolvenz eines Mitgliedstaates wäre dann aber nicht die Ursache des Austritts, sondern der Anlass, der die zu diesem Zeitpunkt bereits schwelenden Spannungen innerhalb der Währungsunion offen ausbrechen lässt.

Die potentielle Solidarhaftung innerhalb einer Staatengemeinschaft kann – wie bereits geschildert – dazu führen, dass einzelne Staaten ihre Schuldenaufnahme ausweiten, weil sie auf die Hilfe der Gemeinschaft vertrauen. Will man innerhalb einer Staatengemeinschaft dieses Verhalten verhindern, so gibt es dazu folgende Möglichkeiten:

– Ein Finanzausgleich (Transferunion*)*, bei dem die finanziell starken Mitglieder die schwächeren unterstützen, soll verhindern, dass eines der Mitglieder sich übermäßig verschuldet. Diese Lösung ist nur für enge nationale Staatenverbünde geeignet, da sie de facto einen dauerhaften Ressourcentransfer innerhalb der Gemeinschaft erfordert. Der Streit um den Finanzausgleich zwischen den Bundesländern in Deutschland zeigt, dass dieser Lösung enge (nationale) Grenzen gesetzt sind.

– Einigt man sich in der Gemeinschaft darauf, grundsätzlich nicht für die Schulden eines der Mitglieder aufzukommen (mittels einer so genannten No-bailout-Klausel), so entfallen theoretisch die Anreize für die Mitgliedstaaten, Schulden zu machen und auf die Hilfe der Gemeinschaft zu hoffen. Voraussetzung dafür ist allerdings, dass die Drohung, im Notfall nicht zu helfen, glaubwürdig ist. Für die Europäische Währungsunion ist eigentlich eine solche Klausel in Kraft: Artikel 125 des Vertrags über die Arbeitsweise der Europäischen Union bestimmt, dass weder die Union noch die Mitgliedstaaten für die Verbindlichkeiten einzelner Mitgliedstaaten haften.

– Eine weitere Möglichkeit besteht in der Einführung von Schuldengrenzen auf Unionsebene. Diese Maßnahme ist nur wirksam, wenn die Einhaltung dieser Grenzen überwacht und Überschreitungen wirksam geahndet werden können. Zudem bedeuten Schuldengrenzen einen Verlust fiskalischer Autonomie der Mitgliedstaaten und erfordern einen entsprechenden politischen Willen. Gleiches gilt für ein System der Haushaltsüberwachung, das drohende Gefahren der Überschuldung bereits im Vorfeld erkennen soll.

– Letztlich beschneiden solche Maßnahmen die Kompetenzen der Mitgliedstaaten bei der Haushaltspolitik. Im Extremfall läuft dies auf eine gemeinsame Fiskalpolitik hinaus, die ein fiskalisches Auseinanderdriften der Mitgliedstaaten verhindern soll. Hierfür ist starker politischer Wille und demokratische Legitimation erforderlich. Die verwaltungstechnische Machbarkeit einer gemeinsamen Fiskalpolitik und ihre ökonomische Sinnhaftigkeit im Detail stehen dann noch auf einem ganz anderen Blatt.

Sieht man von den hier angeführten Maßnahmen ab oder greifen diese nicht, so muss man befürchten, dass eine derart konstruierte Staaten- und Währungsgemeinschaft unter einem Webfehler leidet, der dazu führt, dass sich einzelne Mitgliedstaaten übermäßig verschulden werden und dabei auf die Hilfe der Gemeinschaft bei der Lösung ihrer Schuldenprobleme vertrauen. Genau hier liegt die Ursache der Schuldenkrise der Europäischen Union: Die Mitgliedschaft in der Währungsunion führte bei vielen Mitgliedstaaten dazu, dass sämtliche Mechanismen zur finanzpolitischen Disziplinierung versagten.

Kommt es dann – wie im Jahr 2010 – zu einer Schuldenkrise, stellt sich die Frage, wie man damit umgeht. Will man die Insolvenz eines Mitgliedstaates aus oben angeführten Gründen nicht zulassen, so bleibt letztlich nur ein Mitteltransfer von der Gemeinschaft (Bailout), entweder in Form direkter Transfers oder in Form von vergünstigten Krediten zur Überbrückung der Liquiditätsschwierigkeiten. Solche Transfers werfen mehrere Probleme auf. Bereits erörtert wurden die Anreizprobleme: Sobald ein solcher Bailout einmal stattgefunden hat, dient er anderen Staaten als Lehrbeispiel: sie werden im Fall der Überschuldung unter Verweis auf den ersten Bailout ebenfalls Transfers fordern können. Das reduziert ihre Anreize, ihre Budgets zu konsolidieren.

Je mehr Mitgliedstaaten der Gemeinschaft nach solchen Transfers rufen, umso größer wird das Transfervolumen und umso mehr wird die innergemeinschaftliche Solidarität beansprucht. Dies wird den politischen Widerstand gegen ein Bailout tendenziell erhöhen und führt irgendwann doch zur definitiven Krise der Gemeinschaft.

Problematisch sind schließlich auch die Anreize für die Kapitalmärkte: Die Existenz eines Bailout beziehungsweise schon seine Erwartung führen dazu, dass die Kapitalmärkte insolvenzgefährdeten Staaten Geld leihen, ohne adäquate Risikoaufschläge zu fordern. Das kann zu weiteren Überschuldungen

führen, deren Kosten wiederum von den Mitgliedern der Gemeinschaft getragen werden müssen. Mit anderen Worten: Ein
Bailout lädt die Finanzmärkte dazu ein, auf Kosten der Gemeinschaft zu spekulieren. Im Falle Griechenlands wurde das prakti-
ziert: Nach dem Beschluss zur Rettung Griechenlands an einem
Wochenende stiegen die Kurse griechischer Anleihen am Mon-
tag darauf um 20 Prozent. Kursgewinne für all jene, die zuvor
auf eine Rettung Griechenlands gewettet hatten.

4. Der Euro-Rettungsschirm um EFSM, EFSF und ESM

Trotz der hier genannten Probleme, die ein Bailout aufwirft, hat
sich die Europäische Union entschlossen, insolvenzbedrohten
Staaten der Euro-Zone zu helfen. Zu diesem Zweck wurde am
10. Mai 2010 ein Schirm zur Rettung überschuldeter Euro-
Mitgliedstaaten vor der Zahlungsunfähigkeit gegenüber ausländischen Gläubigern beschlossen (der so genannte Euro-Rettungsschirm) (75). Dieser Schirm kann Kredite an notleidende
Staaten vergeben. Er hat ein Volumen in Höhe von 780 Milliarden Euro, wovon bis zu 60 Milliarden Euro aus dem Haushalt
der Gemeinschaft stammen. Diese 60 Milliarden aus dem so
genannten *Europäischen Finanziellen Stabilisierungsmechanis-
mus* (EFSM) sollen vorrangig genutzt werden. Weitere Kredite
in Höhe von bis zu 440 Milliarden Euro werden von den Mit-
gliedsländern der Eurogruppe über einen Hilfsfonds bereitgestellt, der *European Financial Stability Facility* (EFSF).

Die finanziellen Hilfen der EFSF sollen über eine Zweckge-
sellschaft fließen, die dafür am Kapitalmarkt Kredite aufnimmt.
Diese Kredite sind von den Euro-Staaten garantiert – falls also
ein Land Kredite der EFSF beansprucht und diese nicht zurückzahlt, bürgen letztlich die Euro-Staaten dafür, wenn daraufhin
der EFSF seine Kredite nicht zurückzahlen kann. Alle Euro-Länder beteiligen sich anteilig an den Garantien für den EFSF. Der
Anteil der einzelnen Länder richtet sich nach dem Kapitalanteil
des jeweiligen Staates an der Europäischen Zentralbank. Der
Anteil Deutschlands beispielsweise lag 2010, im Jahr der Gründung des EFSF, bei 27 Prozent.

Insgesamt vergeben die Euro-Länder Garantien für bis zu 780 Milliarden Euro, wobei der Fonds effektiv nur Kredite von 440 Milliarden Euro vergeben darf. Der Grund für diese so genannte Übersicherung (die Summe der Garantien ist höher als die Summe der zu vergebenden Kredite) liegt darin, dass die höheren Garantien eine gute Bonitätsnote des Fonds ermöglichen. Indem die Staaten 780 Milliarden Euro garantieren, gilt das zu vergebende Kreditvolumen von nur 440 Milliarden Euro als sehr gut abgesichert, wodurch der Fonds zu günstigen Zinsen Kredite am Kapitalmarkt aufnehmen kann. Die Bundesrepublik Deutschland müsste im Bedarfsfall Garantien in der Höhe bis zu 211 Milliarden Euro zur Verfügung stellen (27 Prozent von 780 Milliarden Euro) (76).

Zusätzlich erwarten die Euro-Staaten, dass sich der IWF mit mindestens der Hälfte der von ihnen eingesetzten Mittel an den Finanzierungsmaßnahmen beteiligt. Bei 60 Milliarden Euro aus dem EFSM und 440 Milliarden Euro aus dem EFSF kämen dann also noch insgesamt 250 Milliarden Euro vom IWF. Da man mittlerweile davon ausgeht, dass diese Mittel nicht ausreichen werden, wurde beschlossen, die Finanzmittel des Fonds durch einen so genannten Hebel aufzustocken. Eine Möglichkeit für einen solchen Hebel wäre eine Versicherungslösung: Der EFSF versichert beispielsweise 20 Prozent der emittierten Staatsanleihen eines Landes; wenn das betreffende Land zahlungsunfähig wird, bekommen die Investoren, die diesem Land Geld geliehen haben, 20 Prozent ihres Verlustes vom EFSF ersetzt. Damit könnte der Fonds theoretisch eine bis zu fünfmal so hohe Summe mobilisieren. Allerdings ist fraglich, ob Investoren eine solche Absicherung als ausreichend akzeptieren und dementsprechend mehr Geld verleihen – davon hängt aber ab, wie viel Geld der auf diesem Weg gehebelte EFSF mobilisieren kann. Um weitere Mittel bereitzustellen, wurde beschlossen, den Internationalen Währungsfonds stärker einzubinden: Die Euro-Länder und andere Mitgliedstaaten sollen dem Fonds bis zu 200 Milliarden Euro zur Verfügung stellen, die der IWF nutzen soll, um damit Hilfen für Euro-Krisenländer vorzuhalten. Die Gelder sollen von den nationalen Notenbanken kommen.

De facto bedeutet dies, dass die nationalen Notenbanken Teile ihrer Vermögenswerte zur Bekämpfung der Krise aufwenden; auch hier besteht das Risiko, dass diese Gelder verloren gehen.

Bedingung für die Gewährung der Kredite von EFSM und EFSF an ein Mitgliedsland ist, dass der betroffene Euro-Staat mit dem IWF und der Europäischen Kommission unter Mitwirkung der Europäischen Zentralbank ein wirtschafts- und finanzpolitisches Anpassungsprogramm vereinbart (Konditionalität).

Flankiert wurde dieses Rettungspaket von der Geldpolitik der Europäischen Zentralbank: Im Rahmen des «Qualitative easing» erleichterte die Notenbank den Banken durch gelockerte Finanzierungskonditionen die Refinanzierung. Das ermöglichte es den Banken, auch Anleihen insolvenzbedrohter Staaten als Besicherung für EZB-Kredite zu verwenden und sich auf diesem Weg Geld von der Notenbank zu beschaffen. Die Banken hinterlegen also als Sicherheit für einen Notenbank-Kredit Anleihen angeschlagener Euro-Staaten. Eine Insolvenz dieser Staaten würde dann den Wertverlust der hinterlegten Anleihen nach sich ziehen und damit den Gewinn der Notenbank schmälern. Wenn der Gewinn der EZB zur Deckung der Verluste nicht ausreicht, wäre zudem eine Kapitalaufstockung der Notenbank durch die Mitgliedstaaten erforderlich.

Außerdem hat die Zentralbank im Rahmen des «Quantitative easing» vor allem griechische, portugiesische und irische sowie auch italienische und spanische Staatsanleihen auf dem freien Kapitalmarkt (Sekundärmarkt) erworben. Diese Politik führt zu einer Ausweitung der Geldmenge, die bisher von den Banken in Form von so genannten Überschussreserven, einer Art Vorsichtskasse, bei der Zentralbank gehalten wird und sich daher noch nicht auf das allgemeine Preisniveau ausgewirkt hat.

Kritiker dieser Politik bemängeln, dass dies de facto eine monetäre Alimentierung der Staatsverschuldung darstellt – mit allen damit verbundenen Problemen, die wir in Kapitel IV.4 diskutiert haben. Zudem verstoße der Ankauf von Staatsanleihen durch die Zentralbank gegen Artikel 123 des Vertrags über die Arbeitsweise der Europäischen Union (AEUV), der den unmittelbaren Erwerb von Schuldtiteln von Staaten durch die Europäische Zentralbank oder die nationalen Zentralbanken verbietet. Zur Verteidigung des Handelns der Zentralbank wird angeführt, dass sie die Staatsanleihen nicht direkt erworben habe, sondern am Sekundärmarkt. Den Buchstaben des Artikel 123 ist man damit zwar treu geblieben, aber ein Verstoß gegen den Geist des Gesetzes könnte dennoch vorliegen.

Einen weiteren Rechtsverstoß sehen Kritiker in der Tatsache, dass man den insolvenzbedrohten Staaten mittels des Rettungsschirms unter die Arme greift. Die Argumentationsbasis dafür ist der bereits ebenfalls erwähnte Artikel 125 des AEUV, der vorschreibt, dass weder die Union noch die Mitgliedstaaten für die Verbindlichkeiten einzelner Mitgliedstaaten haften. Rat und Kommission rechtfertigten den Rettungsschirm mit Artikel 122 AEUV, nach dem die Union Staaten finanziellen Beistand leisten kann, die aufgrund von Naturkatastrophen oder außergewöhnlichen Ereignissen, die sich ihrer Kontrolle entziehen, von Schwierigkeiten betroffen sind. Fraglich ist allerdings, ob die Schuldenkrise dieser Staaten sich ihrer Kontrolle entzieht.

Der Rettungsschirm mit EFSM und EFSF ist als temporäre Maßnahme bis 2012 befristet. Zur Bekämpfung der Schuldenkrise in der Europäischen Union wurden 2010 und 2011 zudem umfangreiche weitere Maßnahmen beschlossen. Im Kern ging es dabei um drei Maßnahmenpakte (vgl. (77), (78) und (79)): Der Stabilitäts- und Wachstumspakt wurde reformiert, um bessere finanzpolitische Disziplin innerhalb der Währungsunion zu etablieren. Es wurden umfangreiche Maßnahmen zu einer umfassenderen Koordination der Wirtschaftspolitik innerhalb der EU beschlossen, um ein stärkeres Auseinanderdriften der Volkswirtschaften im EU-Raum zu vermeiden. Und es wurde der *Europäische Stabilitätsmechanismus* (ESM) geschaffen, der bei finanziellen Schwierigkeiten einzelner Mitgliedstaaten mit Finanzierungshilfen einspringen soll.

Zu den Maßnahmen im Einzelnen: Mit der Reform des Stabilitäts- und Wachstumspakts soll dieser verschärft werden, um das Schuldenmachen der Nationalstaaten zu erschweren. Dazu sollen folgende Maßnahmen beitragen:

- Bisher konnten Defizitverfahren nur eingeleitet werden, wenn die Neuverschuldung eines Staates über drei Prozent des Bruttoinlandsprodukts stieg. In Zukunft kann die Europäische Kommission bereits dann ein Defizitverfahren einleiten, wenn mittelfristig kein ausgeglichener oder nahezu ausgeglichener Haushalt zu erwarten ist. Zudem sind Mitgliedstaaten mit einer Schuldenquote von mehr als 60 Prozent des Bruttoinlandsprodukts verpflichtet, jährlich fünf Prozent des über dieser Grenze liegenden Teils der Quote abzubauen, solange die Schuldenquote über der Marke von 60 Prozent liegt.
- Ist der mittelfristig angestrebte ausgeglichene Haushalt eines Landes gefährdet, so kann die Kommission eine Sanktion in Höhe von 0,2 Prozent des Bruttoinlandsprodukts als verzinsliche Einlage verlangen. Diese kann bei weiteren Sanktionsschritten in eine unverzinsliche Einlage oder sogar in ein Bußgeld umgewandelt werden. Neben möglichen Bußgeldzahlungen soll auch die Möglichkeit bestehen, Staaten mit hohen Defiziten EU-Mittel zu streichen.
- Damit die Sanktionen nicht mehr so einfach auf politischem Weg aufgehalten werden können, ist eine große (qualifizierte) Mehrheit im Rat erforderlich, um sie zu stoppen.

Neben diesen Versuchen, die Schuldenpolitik der Mitgliedstaaten stärker zu disziplinieren, soll mit einer neuen wirtschaftspolitischen Koordinierung verhindert werden, dass die Euro-Staaten in ihrer wirtschaftlichen Entwicklung weiter auseinanderdriften, denn dies könnte den Bestand der Währungsunion ebenfalls gefährden. Im Einzelnen wurden folgende Maßnahmen beschlossen:

- Im Rahmen des *Euro-Plus-Pakts* verpflichten sich die teilnehmenden Staaten zur Stärkung der Wettbewerbsfähigkeit. Die Wahl der konkreten Maßnahmen bleibt den nationalen Regierungen überlassen, die Überwachung erfolgt durch öffentlichen Druck. Bindende Verpflichtungen gibt es also keine.
- Weiterhin wurde ein neues Verfahren zur wirtschaftspolitischen Koordinierung geschaffen, mit dessen Hilfe makro-

ökonomische Ungleichgewichte vermieden werden sollen. Mit Hilfe verschiedener wirtschaftlicher Indikatoren wie beispielsweise des Leistungsbilanzdefizits soll festgestellt werden, ob die Politik eines Staates die wirtschaftliche Stabilität des Euro-Raums gefährden kann. Stellt man eine solche Gefährdung fest, so kann der Rat ein Verfahren wegen übermäßiger Ungleichgewichte einleiten und Geldbußen verhängen.

– Die haushaltspolitische Koordinierung der EU-Staaten soll – auf Grundlage der beiden oben beschriebenen Verfahren – im Rahmen des so genannten Europäischen Semesters verbessert werden. Im Rahmen dieses Semesters verabschiedet der Europäische Rat zuerst Empfehlungen, die von den Mitgliedstaaten in ihren wirtschaftspolitischen Programmen berücksichtigt werden sollen. Anschließend soll die Kommission dann länderspezifische Empfehlungen für die Haushalte der Mitgliedstaaten verabschieden.

– Mit dem Ende Januar 2012 beschlossenen Fiskalpakt sollen sich 25 EU-Staaten (außer Großbritannien und der Tschechischen Republik) dazu verpflichten, eine nationale Schuldenbremse nach deutschem Vorbild (vgl. Abschnitt 1 dieses Kapitels) einzuführen. Maximal 0,5 Prozent der Wirtschaftsleistung sollen als Defizit erlaubt sein, außer bei ungewöhnlichen Umständen – eine juristische Hintertür, die wir bereits aus der Debatte um den Artikel 115 Grundgesetz kennen. Stellt die Kommission eine Verletzung des Fiskalpaktes fest, so droht eine Klage vor dem Europäischen Gerichtshof – allerdings darf die Kommission selbst nicht klagen, das müssen Mitgliedstaaten tun. Kritiker sagen, dass dies zur Folge hat, dass potentielle Schuldensünder über tatsächliche Schuldensünder richten (82).

Das Kernstück der Bemühungen um eine Reform der Währungsunion ist allerdings der Europäische Stabilitätsmechanismus (ESM), der den Euro-Rettungsschirm EFSF zum 1. Juli 2012 ablösen soll. Der ESM soll dabei keine einfache Fortschreibung der bisherigen Rettungsinstrumente sein und ist als striktes Notfallinstrument gedacht. Der ESM soll Liquiditätshilfen an not-

leidende Länder vergeben können. In Ausnahmefällen soll auch
der Ankauf notleidender Staatsanleihen durch den ESM erlaubt
sein, aber nur unter strikten wirtschafts- und finanzpolitischen
Auflagen. Ursprünglich sollte der ESM diese Anleihen nur unmittelbar von den emittierenden Staaten kaufen können (Primärmarkt), was einer direkten Finanzierung der Staatsschulden
entspricht. Im Juli 2011 wurden die Befugnisse des Fonds jedoch dahingehend erweitert, dass er nun auch Staatsanleihen
auf den Sekundärmärkten kaufen kann (76).

Diese Maßnahmen müssen einstimmig von den Finanzminis-
tern beschlossen werden, die als Gouverneure des ESM fungie-
ren. Das Finanzierungsvolumen des ESM beläuft sich auf insgesamt 700 Milliarden Euro. Davon werden 80 Milliarden als
echte Kapitaleinlage von den Euro-Staaten überwiesen und 620
Milliarden werden als Garantien bereitgestellt (der Anteil jedes
Euro-Staats richtet sich auch hier nach seinem Anteil am Kapital der Europäischen Zentralbank). Von diesen 700 Milliarden
kann der ESM effektiv 500 Milliarden an notleidende Staaten
ausleihen. Die restlichen 200 Milliarden stellen (wie zuvor beim
EFSF) eine Übersicherung dar, damit garantiert ist, dass der
ESM Mittel zu den besten Konditionen am Markt aufnehmen
kann. Durch die Übersicherung erhält er von den Rating-Agenturen die Bestnote AAA, was die Zinskosten des ESM minimiert.

Ist ein Land, das Hilfe aus dem ESM beantragt, überschuldet,
so ist es verpflichtet, zuerst seine privaten Gläubiger an der Um-
strukturierung seiner Schulden zu beteiligen, bevor es Finanz-
hilfen vom ESM erhält. Zu diesem Zweck sollen alle europäischen Staatsanleihen mit einer Laufzeit von mehr als einem Jahr
mit so genannten Umschuldungsklauseln («Collective action
clauses») ausgestattet werden, welche Umschuldungsverhand-
lungen mit allen Gläubigern erleichtern: wenn sich eine Mehrheit der Gläubiger auf Umschuldungsmodalitäten einigt, gelten
diese automatisch auch für alle anderen Gläubiger. Die Zinsen
für ESM-Hilfskredite sollen in den ersten drei Jahren nur zwei
Prozentpunkte über den Refinanzierungskosten des ESM liegen
(nach drei Jahren drei Prozentpunkte). Im Vergleich zu den

EFSF-Regeln bedeutet das eine Verbilligung der Hilfskredite um einen Prozentpunkt.

Was ist von diesen Maßnahmen zu halten? Viele Experten sehen die Beschlüsse kritisch:

- Ob die Schuldendisziplin der Staaten durch die Verschärfung des Stabilitäts- und Wachstumspakts verbessert werden kann, hängt entscheidend davon ab, wie bindend dessen Verpflichtungen sind und inwiefern die angedrohten Sanktionen wirklich automatisch verhängt werden. Nur wenn Sanktionen unaufschiebbar und automatisch eintreten, sobald ein Land sich übermäßig verschuldet, kann ein solcher Pakt die Schuldendisziplin innerhalb der Währungsunion verbessern. Wie hoch die Bindungskraft des neuen Paktes ist, muss sich erst erweisen. Der alte Pakt jedenfalls hat versagt – und das in wirtschaftlich vergleichsweise guten Zeiten.
- Eine bessere wirtschaftspolitische Koordinierung der EU-Staaten ist notwendig und wünschenswert. Allerdings fehlt den oben erläuterten Beschlüssen mehr oder weniger die Bindungskraft. Ob die Wirtschaftspolitik in Europa besser koordiniert wird, hängt wie bisher vom politischen Willen der Mitgliedstaaten ab. In der Vergangenheit jedenfalls war dieser Wille nicht allzu groß, sagen die Kritiker.
- Was den ESM angeht, so gelten für diesen alle Kritikpunkte, die auch für den Euro-Rettungsschirm genannt werden: Er schafft falsche Anreize für ein Land, sich übermäßig zu verschulden, und strapaziert möglicherweise über Gebühr die Solidarität der Mitgliedstaaten. Der Umstand, dass Mittel aus dem ESM nur unter wirtschaftspolitischen Auflagen vergeben werden, wirkt zwar diesen falschen Anreizen entgegen, schafft aber ein neues Problem: die Tatsache, dass eine supranationale Organisation in die Finanzpolitik eines autonomen Landes einzugreifen droht. Das ist nicht nur aus politischer, sondern möglicherweise auch aus juristischer Sicht ein Problem.
- Ebenfalls problematisch ist der Beschluss, private Gläubiger insolvenzbedrohter Euro-Staaten nicht mehr an den Kosten einer Pleite zu beteiligen (82). Im schlimmsten Fall führt diese

Garantie dazu, dass Investoren weiterhin gegen hohe Zinsen Geld an finanzschwache Staaten leihen, ohne sich Gedanken um die Rückzahlung zu machen und im Insolvenzfall das Geld von den anderen Euro-Staaten einzufordern.

Will man die Europäische Währungsunion erhalten, gibt es aber dennoch kaum Alternativen zum Euro-Rettungsschirm aus EFSM, EFSF und ESM. Belässt man die Finanzpolitik der Mitgliedstaaten in deren Hand, so muss man eine glaubhafte No-bailout-Klausel etablieren, die sicherstellt, dass jedes Land für die Folgen seiner eigenen Finanz- und Schuldenpolitik selbst verantwortlich ist. Das beinhaltet dann auch die Möglichkeit, dass ein souveränes Mitglied der Währungsunion wie Griechenland oder Italien insolvent wird und die europäischen Banken mit in die Krise reißt. Dies scheint keine politische Option für die Europäische Union zu sein. Zudem ist nach den Erfahrungen aus der Euro-Krise seit 2010 schon jetzt klar, dass eine No-bailout-Klausel offenbar nicht glaubwürdig ist.

Damit bleibt nur noch die zweite Möglichkeit, die Vergemeinschaftung der bisher nationalen Finanz- und Wirtschaftspolitik. Will man nicht unbegrenzt die Schulden einzelner Mitgliedstaaten über den ESM finanzieren und einen innereuropäischen Finanzausgleich vermeiden, so müssen die Mitgliedstaaten eine gemeinsame Wirtschafts- und Finanzpolitik betreiben, die eine übermäßige Verschuldung einzelner Staaten ausschließt und deren wirtschaftliche Lage angleicht. Dazu bedarf es eines großen politischen Willens, da diese Lösung letztlich bedeutet, dass die Finanzierung der deutschen, griechischen, französischen Staatsausgaben zu einem beträchtlichen Teil in Brüssel bestimmt wird.

Als eine weitere Möglichkeit der Vergemeinschaftung der europäischen Fiskalpolitik werden so genannte *Euro-Bonds* diskutiert. Das wären Anleihen der europäischen Staaten, die diese gemeinsam über eine europäische Schuldenagentur begeben, wobei alle Staaten gemeinsam für diese Schulden haften. De facto bedeutet dies eine gesamtschuldnerische Haftung aller Euro-Staaten für die Schulden der anderen Staaten. Mit Hilfe von Euro-Bonds könnte dem Vorschlag nach ein Ende der akuten Schuldenkrise erreicht werden, indem für Staaten mit Zahlungsschwierigkeiten über Euro-Bonds der Zugang zu den Kapitalmärkten gesichert wird. Das heißt, insolvenzbedrohte Staaten können über Euro-Bonds auch weiterhin Schulden am Kapitalmarkt aufnehmen, da diese durch die europäische Staatengemeinschaft garantiert werden.

Als weiterer Vorteil von Euro-Bonds wird genannt, dass ein großer und liquider gemeinsamer Markt für europäische Staatsanleihen entstünde. Gemeinsame Emissionen der Euro-Staaten hätten ein größeres Volumen im Vergleich zu den Emissionen bei separater Schuldenaufnahme der Einzelstaaten am Kapitalmarkt. Das macht Euro-Bonds attraktiver für Anleger, weil ein größerer Kapitalmarkt den Kauf und Verkauf solcher Anleihen erleichtert. Gleichzeitig werden dadurch etwas niedrigere Zinssätze ermöglicht. Schließlich könnte dem Vorschlag nach auch die fiskalische Disziplin der Euro-Staaten durch Euro-Bonds gestärkt werden, indem ihre Begebung mit fiskalpolitischen Auflagen verbunden würde.

Für die konkrete Ausgestaltung dieser Bonds werden unterschiedliche Konzepte diskutiert. Die meisten sehen vor, dass nur 60 Prozent der Schulden eines Landes durch Euro-Bonds garantiert werden sollen. Für alle darüber hinausgehenden Schulden müssten die Staaten dann selbst haften (83). Der Vorteil dieser Begrenzung liegt nach Ansicht ihrer Befürworter in ihrer disziplinierenden Wirkung: Während die im Rahmen der Währungsunion akzeptierte Verschuldung gesichert ist, werden die Zinsaufschläge für alle darüber hinausgehenden risikobehafteten Schulden steigen. Dies würde die betreffenden Staaten dann automatisch zu mehr Schuldendisziplin zwingen.

Kritiker der Euro-Bonds verweisen darauf, dass die Übernahme von Garantien für Schulden bisher regelmäßig zur Lockerung der Schuldendisziplin geführt hat. Darüber hinaus leiden Euro-Bonds an einem inneren Zielkonflikt: Will man die akute Schuldenkrise bekämpfen und den Zugang überschuldeter Staaten zu den Kapitalmärkten sicherstellen, muss man ihnen die Aufnahme von Schulden erleichtern. Damit entsteht aber automatisch ein Anreiz zu höherer Verschuldung. Gerade das soll aber verhindert werden, da mangelnde Fiskaldisziplin eine der Ursachen der europäischen Schuldenkrise ist. Gewichtet man das letztgenannte Ziel höher als den erleichterten Zugang zu den Kapitalmärkten, werden Euro-Bonds überflüssig, da man ihre Vorteile (ein relativ niedriges Zinskostenniveau) nicht entsprechend nutzen kann. Die beiden Ziele der Euro-Bonds (Zugang zu den Kapitalmärkten einerseits und fiskalische Disziplin andererseits) sind somit nicht miteinander vereinbar.

Darüber hinaus befürchtet man, dass Schuldengrenzen bei Euro-Bonds nicht wirksam sein werden: Leidet ein Staat an akuten Zahlungsschwierigkeiten, so das Argument, wird man diese Schuldengrenzen schließlich doch lockern und höhere Beträge über Euro-Bonds garantieren, um eine Insolvenz des betreffenden Staates zu verhindern. Damit würden Euro-Bonds geradewegs in eine Schuldenunion führen (vgl. ausführlich dazu (84)).

Als weiteres Argument gegen Euro-Bonds werden die Kosten für die teilnehmenden Staaten angeführt, die dadurch entstehen, dass Staaten mit guter Bonität für Staaten mit geringer Bonität bürgen müssen. Dadurch entstehen den Staaten mit guter Bonität höhere Zinskosten, in denen sich die Übernahme dieser Bürgschaft widerspiegelt. Es entsteht also schon mit der Bürgschaft ein Geldtransfer von Staaten mit guter Bonität hin zu Staaten mit schlechter Bonität. Über diese Mehrkosten für die Staaten mit guter Bonität hinaus gibt es unterschiedliche weitere Kostenelemente, die vor allem von der Höhe des Zinsaufschlags abhängen, den die Staaten mit guter Bonität zahlen müssen. Die potentiellen Mehrkosten für die Bundesrepublik Deutschland werden unterschiedlich hoch beziffert: die Schätzungen liegen zwischen mindestens 10 Milliarden Euro im Jahr (vgl. (85) und 86)) und 20 bis 25 Milliarden Euro zehn Jahre nach Einführung der Bonds (87). Das Münchener ifo-Institut veranschlagt die jährlichen Mehrkosten durch Euro-Bonds sogar auf 33 bis 47 Milliarden Euro pro Jahr (88).

Ihre politische Attraktivität beziehen Euro-Bonds aus dem Umstand, dass auf diesem Weg die zur Stabilisierung des Euro notwendigen Transfers weniger sichtbar erfolgen, da die Wirkungsweise von Euro-Bonds komplex und intransparent ist und sich die tatsächlichen Mehrkosten für die Staaten mit guter Bonität kaum exakt berechnen lassen. Es ist vermutlich gerade diese Kostenintransparenz, die Euro-Bonds für die Politik so attraktiv macht – auf diesem Weg geraten die wahren Kosten der Stabilisierung des Euro nicht in den Blick des Wählers.

VI. Schlussfolgerungen

Weltweit ist die Verschuldung der meisten Staaten in den vergangenen Jahren und Jahrzehnten gestiegen. Wir haben in diesem Bändchen versucht zu erläutern, wie und warum das geschehen kann und welche Folgen zu erwarten sind. Unter dem Strich sind es vier Lektionen, die unser Parforceritt durch die Welt der Staatsschulden lehrt:

1. Staatsverschuldung ist ein Übel, aber ein notwendiges. Es gibt gute Argumente für eine maßvolle Staatsverschuldung: Staatliche Investitionen, einmalige, außergewöhnliche Ereignisse und konjunkturelle Ausnahmesituationen rechtfertigen die Aufnahme von Schulden durch den Staat. Per se ist Staatsverschuldung also nicht schlecht. Es kommt vielmehr darauf an, was der Staat mit dem geliehenen Geld macht.

2. Staatsverschuldung ist vor allem ein politisches Risiko: Die Prozesse demokratischer Politik wirken in der Regel eher einseitig in Richtung höherer Schulden. Deswegen sind Staatsbankrotte wahrscheinlich nicht vermeidbar. Unsere Aufmerksamkeit sollte sich eher darauf konzentrieren, ihre negativen ökonomischen Auswirkungen bestmöglich zu begrenzen.

3. Die Folgen übermäßiger Staatsverschuldung sind nahezu unübersehbar. Übermäßige Staatsschulden gefährden die Stabilität und das langfristige Wachstum einer Volkswirtschaft. Hinzu kommt, dass einmal angehäufte übermäßige Schuldenberge nur noch über einen Staatsbankrott oder Inflation ab-

gebaut bzw. beseitigt werden können. Ab einem bestimmten Schuldenniveau ist es kaum mehr möglich, aus den Schulden zu wachsen – es sei denn, die Bürger akzeptieren ungeheure persönliche Opfer.

4. Die Schuldenkrise der Europäischen Union ist zu einer Krise des Euro geworden. Dem liegen gravierende Konstruktionsfehler des Euro zugrunde, die nun offensichtlich geworden sind. In erster Linie haben sämtliche Sicherungsmechanismen gegen übermäßige Staatsverschuldung versagt. Auch die Europäische Zentralbank ist durch diese Krise in Mitleidenschaft gezogen worden. Sie hat gegen ihren Stabilitätsauftrag gehandelt, um das Überleben der Währungsunion zunächst zu sichern. Sie war gezwungen, in dieser Weise zu handeln, da es keine andere Institution gab, die in der Lage gewesen wäre, kurzfristig autonom zu handeln. Neben der fehlenden Schuldenbremse muss das Fehlen von autonomen europäischen Institutionen für den Krisenfall ebenfalls als Konstruktionsfehler des Euro angesehen werden. Ein weiterer Fehler besteht darin, dass es keinen Mechanismus in der Währungsunion gibt, der das Entstehen gesamt- und vor allem außenwirtschaftlicher Ungleichgewichte begrenzt oder verhindert.

Möglicherweise könnte die Mitwirkung und Kontrolle durch besser informierte Wähler die europäische Schuldentragödie doch noch zu einem guten Ende führen. In diesem Sinne hoffen wir, dass dieses Bändchen einen Beitrag dazu leistet.

Quellen und Anmerkungen

(1) Rogoff, Kenneth und Reinhart, Carmen, *This Time is different. Eight centuries of financial follies.* Princeton: Princeton University Press, 2009. Deutsche Ausgabe: *Dieses Mal ist alles anders: Acht Jahrhunderte Finanzkrisen.* München: FinanzBuch Verlag, 2010.

(2) Statistisches Bundesamt, *Schuldenstandquoten der EU-Mitgliedstaaten.* 2010 [Online verfügbar unter http://www.destatis.de; letzter Zugriff am 2. Oktober 2011]; DB Research, *Schuldenbremsen für Euro-Land.* Frankfurt, Mai 2010; International Monetary Fund, *World Economic and Financial Surveys.* World Economic Outlook Database [Online verfügbar unter http://www.imf.org/external/data.htm; letzter Zugriff am 2. Oktober 2011].

(3) Bundesministerium der Finanzen, Stabilität im Bundesstaat. Konstituierende Sitzung des Stabilitätsrates am 28. April 2010. *Monatsbericht des BMF.* Mai, 2010, S. 76–83.

(4) Bundesregierung, Finanzplan des Bundes 2010 bis 2014. Unterrichtung durch die Bundesregierung. 2009 [Online verfügbar unter http://www.bundesfinanzministerium.de; letzter Zugriff am 2. Oktober 2011].

(5) Raffelhüschen, Bernd und Moog, Stefan, *Ehrbarer Staat? Die Generationenbilanz. Update 2010: Handlungsoptionen der Gesundheitspolitik,* in: Stiftung Marktwirtschaft (Hrsg.): *Argumente zu Marktwirtschaft und Politik,* Nr. 111, Oktober 2010.

(6) Raffelhüschen, Bernd, et al., *Ehrbare Staaten? Die deutsche Generationenbilanz im internationalen Vergleich,* in: Stiftung Marktwirtschaft (Hrsg.): *Argumente zu Marktwirtschaft und Politik,* Nr. 107, Januar 2009.

(7) Deutsche Finanzagentur, *Primärmarkt.* Deutsche Finanzagentur, 2010. http://www.deutsche-finanzagentur.de/de/institutionelle-investoren/primaermarkt/.

(8) Beck, Hanno und Wienert, Helmut, Zur Reform des Rating-(Un)Wesens. Bestandsaufnahme und eine Reform-Option. *Jahrbuch für Wirtschaftswissenschaften.* 2010, Bd. 61, S. 45–61.

(9) Sachverständigenrat zur Begutachtung der gesamtwirtschaftlichen Entwicklung, *Das Erreichte nicht verspielen.* Jahresgutachten 2007/2008. Wiesbaden, 2007.

(10) —, *Chancen auf einen höheren Wachstumspfad.* Jahresgutachten 2000/2001. Wiesbaden, 2007.

(11) —, *Chancen für einen stabilen Aufschwung.* Jahresgutachten 2010/2011. Wiesbaden, 2010.

(12) Eslava, Marcela, Political Budget Cycles or Voters as Fiscal Conservatives? Evidence from Colombia. *Documento CEDE.* 2005, Bd. 22.

(13) Gonzalez, Maria de los Angeles, Do Changes in Democracy Affect the Political Budget Cycle? Evidence from Mexico. *Review of Development Economics*. 2002, Bd. 6 (2). S. 204–224

(14) Rodriguez, Juan A., Responden el gasto e inversión públicas a los ciclos económicos y políticos? *BBVA Latinwatch*. Second Quarter 2006.

(15) Barberia, Lorena G. und Avelino, George, Do Political Budget Cycles Differ in Latin American Democracies? 2009 [Online verfügbar unter http://www.cid.harvard.edu, letzter Zugriff am 14. Dezember 2011].

(16) Shi, Min und Svensson, Jakob, Political Budget Cycles: Do They Differ Across Countries and Why? *Journal of Public Economics*. 2006, Bd. 90 (8–9), S. 1367–1389.

(17) Brender, Adi und Drazen, Allan, Political Budget Cycles in New Versus Established Democracies. *Journal of Monetary Economics*. 2005, Bd. 52 (7), S. 1271–1295.

(18) Brender, Adi und Drazen, Allan, How Do Budget Deficits and Economic Growth Affect Reelection Prospects? Evidence from a Large Panel of Countries. *American Economic Review*. 2008, Bd. 98, S. 2203–2250.

(19) Beetsma, Roel M. W. J. und Ploeg, Frederic van der, The Political Economy of Public Investment. *European Economy – Economic Papers No. 276*, 2007.

(20) Neck, Reinhard und Getzner, Michael, Politico-economic determinants of public debt growth: A case study for Austria. *Public Choice*. 2001, Bd. 109, S. 243–268.

(21) Freitag, Markus und Vatter, Adrian. Föderalismus und staatliche Verschuldung. Ein makro-quantitativer Vergleich. *Österreichische Zeitschrift für Politikwissenschaft*. 2004, Bd. 33 (2), S. 175–190.

(22) Sachverständigenrat zur Begutachtung der gesamtwirtschaftlichen Entwicklung, Verschuldung der öffentlichen Haushalte. 2010. [Online verfügbar unter http://www.sachverstaendigenrat-wirtschaft.de, letzter Zugriff am 14. Dezember 2011].

(23) Bundesministerium der Finanzen, Schulden der öffentlichen Haushalte, URL: www.bundesfinanzministerium.de

(24) Grossekettler, Heinz, 40 Jahre Stabilitäts- und Wachstumsgesetz. Theoretische Analyse und statistische Evaluation einer verfassungsökonomischen Innovation. *Jahrbuch für Wirtschaftsgeschichte*. 2008, Bd. 49 (1), S. 227–256.

(25) Blum, Ulrich, Deutsche Einheit – ein wirtschaftlicher Gewinn. *MUT – Zeitschrift für Kultur, Politik und Geschichte*. 2009, Bd. 44 (11), S. 74–79.

(26) Bundesministerium der Finanzen, *Bericht des Bundesministeriums der Finanzen über die Kreditaufnahme des Bundes im Jahr 2009*. Berlin, 2010.

(27) Deutsche Bundesbank, Die Entwicklung der Kommunalfinanzen seit Mitte der neunziger Jahre. *Monatsberichte der Deutschen Bundesbank*. Juni 2000, S. 45–60.

(28) —, Zur Entwicklung der Gemeindefinanzen seit dem Jahr 2000. *Monatsberichte der Deutschen Bundesbank*. Juli 2007, S. 29–49.

(29) Deutscher Städtetag, Gemeindefinanzbericht 2010. *der städtetag.* 2010, Heft 5.

(30) Deutsche Bundesbank, Die Entwicklung der Länderfinanzen seit Mitte der neunziger Jahre. *Monatsberichte der Deutschen Bundesbank.* Juni 2001, S. 59–76.

(31) —, Zur Lage der Länderfinanzen in Deutschland. *Monatsberichte der Deutschen Bundesbank.* Juli 2006, S. 33–54.

(32) Sachverständigenrat zur Begutachtung der Gesamtwirtschaftlichen Entwicklung, *Widerstreitende Interessen – ungenutzte Chancen.* Jahresgutachten 2006/2007. Wiesbaden, 2006.

(33) Elmendorf, Douglas W. und Mankiw, N. Gregory, Government debt, in: J. B. Taylor, M. Woodford (Hrsg.), *Handbook of Macroeconomics*, Vol. 1, Part C. Amsterdam: North Holland, 1999, S. 1615–1669.

(34) Ricciuti, Roberto, Assessing Ricardian equivalence. *Journal of Economic Surveys.*2003, Bd. 17(1), S. 55–78.

(35) Sachverständigenrat zur Begutachtung der gesamtwirtschaftlichen Entwicklung, *Staatsverschuldung wirksam begrenzen. Expertise im Auftrag des Bundesministers für Wirtschaft und Technologie.* Wiesbaden, 2007.

(36) Kinoshita, Noriaki, Government Debt and Long-Term Interest Rates. *IMF Working Paper.* 2006, Bd. 06/63.

(37) Ardagna, Silvia, Caselli, Francesco und Lane, Timothy, Fiscal discipline and the cost of public debt service. *National Bureau of Economic Research Working Paper* No. 10788, 2006.

(38) Bund der Steuerzahler, *Die öffentliche Verschwendung 2010, 38. Schwarzbuch des Bundes der Steuerzahler.* Bonn, 2010.

(39) Bundesrechnungshof. *Bemerkungen 2009 zur Haushalts- und Wirtschaftsführung des Bundes.* Bonn, 2009.

(40) Bundesministerium für Arbeit und Soziales. *Sozialbudget 2009.* Bonn, 2010.

(41) Deutsche Bundesbank, Zur Entwicklung der staatlichen Investitionsausgaben. *Monatsberichte der Deutschen Bundesbank.* Oktober 2009, S. 15–34.

(42) Heinemann, Friedrich, Factor mobility, government debt and the decline in public investment. *International Economics and Economic Policy.* 2006, Bd. 3 (1), S. 11–26.

(43) Kumar, Manmohan S. und Woo, Jaejoon, Public debt and growth. *IMF Working Paper* WP/10/174, 2010.

(44) Checherita, Cristina und Rothe, Philipp, The impact of high and growing government debt on economic growth. An empirical investigation for the Euro Area. *European Central Bank Working Paper Series* No 1237, 2010.

(45) Kurz, Rudi und Rall, Lothar, *Interpersonelle und intertemporale Verteilungswirkungen öffentlicher Verschuldung.* Forschungsberichte aus dem Institut für Angewandte Wirtschaftsforschung, Serie A, Nr. 38, Tübingen 1983.

(46) Blanchard, Olivier, Dell'Ariccia, Giovanni und Mauro, Paolo, Rethin-

king macroeconomic policy. *IMF Staff Position Note,* Februar 2010, Bd. SPN/10/03.

(47) Sargent, Thomas J. und Wallace, Neil, Some unpleasant monetarist arithmetic. *Federal Reserve Bank of Minneapolis Quarterly Review,* No. 531, 1981.

(48) Kwon, Goohonn, McFarlane, Lavern und Robinson, Wayne, Public Debt, Money Supply, and Inflation: A Cross-Country Study. *IMF Staff Papers,* Bd. 56 (3), 2009.

(49) Taghavi, Majid, Debt, growth and inflation in large European economies: a vector auto-regression analysis. *Journal of Evolutionary Economics.* 2000, Bd. 10, S. 159–173.

(50) Hatchondo, Juan Carlos, Martinez, Leonardo und Sapriza, Horacio, The Economics of Sovereign Default. *Economic Quarterly.* 2007, Bd. 93 (2), S. 163–187.

(51) Borensztein, Eduardo und Panizza, Ugo, The Costs of Sovereign Default. *IMF Working Paper,* 2008, Bd. 08/238.

(52) Reinhart, Carmen, Rogoff, Ken und Savastano, Miguel, Debt Intolerance. *NBER Working Paper,* 2003, No. 9908.

(53) Paoli, Bianca De, Hoggarth, Glenn und Saporta, Victoria, Costs of sovereign default. *Bank of England Quarterly Bulletin,* 2006, Bd. Q3.

(54) Rose, Andrew K., One Reason Countries Pay Their Debts: Renegotiation and International Trade. *Journal of Development Economics.* 2005, Bd. 77 (1), S. 189–206.

(55) Borensztein, Eduardo und Panizza, Ugo, Do Sovereign Defaults Hurt Exporters? *Inter-American Development Bank Working Paper,* 2006, Bd. 553.

(56) Ostry, Jonathan D. et al., Fiscal Space. *IMF Staff Position Note,* 2010, SPN/10/11.

(57) Mann, Catherine L., Breaking Up is Hard to Do: Global Co-Dependency, Collective Action, and the Challenges of Global Adjustment. *CESifo Forum.* 2005, Bd. 1, S. 16–23.

(58) Summers, Larry, The United States and the Global Adjustment Process, Speech at the IIE, 23. März 2004 [Online verfügbar unter http://www.iie.com, letzter Zugriff am 14. Dezember 2011].

(59) Freund, Caroline und Warnock, Frank, Current Account Deficits in Industrial Countries: The Bigger They Are, The Harder They Fall?, in: Clarida, Richard H. (Hrsg.), *G7 Current Account Imbalances: Sustainability and Adjustment,* Chicago: University of Chicago Press, S. 133–168, 2007.

(60) Bundesverfassungsgericht, 2 BvR 987/10 vom 7.9 2011, Absatz-Nr. (1–142).

(61) Rat der Europäischen Union, Abschlussbericht der Arbeitsgruppe 15 302/10. Brüssel, 2010.

(62) Bundesministerium der Finanzen, *Die Ergebnisse der Van-Rompuy-Arbeitsgruppe.* Berlin, November 2010, S. 58–67.

(63) Holm-Hadulla, Fédéric, Hauptmeier, Sebastian und Rother, Philipp, The

impact of numerical expenditure rules on budgetary discipline over the cycle. *European Central Bank Working Paper Series,* No. 1169, 2010.

(64) Deutsche Bank Research, Schuldenbremsen für Euroland. Mit nationalen Schuldenregeln den Stabilitätspakt stärken. *Deutsche Bank Research EU-Monitor,* 2010, Bd. 74.

(65) Groneck, Max und Kitterer, Wolfgang. Schuldenverbot für die Bundesländer. *ifo Schnelldienst,* 2007, Bd. 60 (2), S. 12–16.

(66) Deutsche Bundesbank, Defizitbegrenzende Haushaltsregeln und nationaler Stabilitätspakt in Deutschland. *Deutsche Bundesbank Monatsbericht,* April 2005, S. 23–38.

(67) Gesetz zur Änderung des Grundgesetzes (Art. 91c, 91d, 104b, 109, 109a, 115, 143d) vom 29.07 2009, *BGBl. I 2009.* Siehe dazu auch Selmer, Peter, Die Föderalismusreform II – Ein verfassungsrechtliches monstrum simile. *Neue Zeitschrift für Verwaltungsrecht.* 2009, S. 1255–1262.

(68) Bundesministerium der Finanzen, Kompendium zur Verschuldungsregel des Bundes gemäß Artikel 115 Grundgesetz. 2010 [Online verfügbar unter http://www.bundesfinanzministerium.de; letzter Zugriff am 28. September 2011].

(69) Stabilitätsrat zur Vermeidung von Haushaltsnotlagen. 2011 [Online verfügbar unter http://www.stabilitaetsrat.de, letzter Zugriff am 14. Dezember 2011].

(70) Truger, Achim, Wil, Henner und Köhrsen, Jens, Die Schuldenbremse: Eine schwere Bürde für die Finanzpolitik. Stellungnahme des IMK in der Hans-Böckler-Stiftung im Rahmen der öffentlichen Anhörung des nordrhein-westfälischen Landtags. *IMK Policy Brief,* 2009.

(71) Wissenschaftlicher Beirat beim Bundesministerium für Wirtschaft und Technologie, *Zur Begrenzung der Staatsverschuldung nach Art. 115 GG und zur Aufgabe des Stabilitäts- und Wachstumsgesetzes.* Gutachten Nr. 01/08, Berlin, 2008.

(72) International Monetary Fund Independet Evaluation Office, *Fiscal Adjustment in IMF-Supported Programs. Evaluation Report.* Washington, 2003.

(73) Beck, Hanno und Wentzel, Dirk, Eine Insolvenzordnung für Staaten? *Wirtschaftsdienst.* 2010, Bd. 90, S. 167–171.

(74) Beck, Hanno, *Die Stabilität von Integrationsgemeinschaften. Überlegungen zur Osterweiterung der Europaäischen Union.* Wiesbaden: Deutscher Universitäts-Verlag, 1998.

(75) Bundesministerium der Finanzen, Die Gesamtstrategie zur Stabilisierung der Europäischen Wirtschafts- und Währungsunion. *Monatsbericht des BMF,* April 2011, S. 39–62.

(76) Bundesministerium der Finanzen, Der Bundestag berät über Stärkung des Europäischen Rettungsschirms. 2011 [Online verfügbar unter http://www.bundesfinanzministerium.de, letzter Zugriff am 14. Dezember 2011].

(77) Council of European Union, Statement by the heads of state or government of the euro area and EU institutions, Brüssel, 21. Juli 2011 [Online

verfügbar unter http://www.consilium.europa.eu, letzter Zugriff am 14. Dezember 2011].

(78) Europäische Zentralbank, The European stability mechanism. *ECB Monthly Bulletin*, Juli 2011, S. 71–84.

(79) Deutsche Bundesbank, Zu den Beschlüssen des Europäischen Rates zur künftigen Vermeidung und Bewältigung von Staatsschuldenkrisen. *Deutsche Bundesbank Monatsbericht*, April 2011, S. 53–58.

(80) o. V., Spanisches Parlament billigt Schuldenbremse. *Financial Times Online*, 17. September 2011 [Online verfügbar unter http://www.ftd.de, letzter Zugriff am 14. Dezember 2011].

(81) Tauber, André, Italien bringt Schuldenbremse auf den Weg. *Welt Online*, 9. September 2011 [Online verfügbar unter http://www.welt.de, letzter Zugriff am 14. Dezember 2011].

(82) European Council: Treaty on stability, coordination and governance in the economic and monetary union; [Online verfügbar unter http://www.european-council.europa.eu/media/579087/treaty.pdf; letzter Zugriff am 30. Januar 2012].

(83) Delpla, Jacques und von Weizäcker, Jakob, Eurobonds: The blue bond concept and its implications. *Bruegel Policy Contribution*, Issue 2011/2012, 2011.

(84) Beck, Hanno und Wentzel, Dirk, Euro-Bonds – Wunderwaffe oder Sprengsatz für die Europäische Union? *Wirtschaftsdienst*, 2011, Bd. 91, Heft 10, S. 717–723.

(85) Boysen-Hogreve, Jens, Was kostet der Euro-Bonds? *IfW-Fokus 102*, 1. August 2011 [Online verfügbar unter http://www.ifw-kiel.de, letzter Zugriff am 12. Dezember 2011].

(86) Roßbach, Henrike, 17 Milliarden Mehrkosten durch Eurobonds. *FAZ.net*, 13. Dezember 2011 [Online verfügbar unter http://www.faz.net, letzter Zugriff am 13. Dezember 2011].

(87) o. V., Euro-Bonds würden Deutschland Milliarden kosten. *Süddeutsche Online*, 20. August 2011 [Online verfügbar unter http://www.sueddeutsche.de, letzter Zugriff am 14. Dezember 2011].

(88) o. V., Was kosten Eurobonds? Stellungnahme des ifo Instituts vom 17.8.2011 [Online verfügbar unter http://www.cesifo-group.de, letzter Zugriff am 14. Dezember 2011].

Literaturempfehlungen

Adam, Klaus G. und Franz, Wolfgang (Hrsg.), *Instrumente der Finanzpolitik. Grundlagen, Staatsaufgaben, Reformvorschläge.* Frankfurt am Main: F.A.Z.-Institut für Management-, Markt- und Medieninformationen GmbH, 2003, Teil II: Europäische Aspekte der Finanzpolitik, S. 81–189.

Alesina, Alberto und Tabellini, Guido, Positive and Normative Theories of Public Debt and Inflation in Historical Perspective. *European Economic Review* 36 (1992), 337–344.

Barro, Robert J., Are Government Bonds Net Wealth? *Journal of Political Economy* 82 (1974), S. 1095–1117.

Barro, Robert J., The Ricardian Approach to Budget Deficits. *Journal of Economic Perspectives* 3 (1989), S. 37–54.

Besfamille, Martin und Lockwood, Ben, Bailouts in Federations: Is a Hard Budget Constraint Always Best? *International Economic Review* 49 (2008), S. 577–593.

Blejer, M.I. und Cheasty, A., The Measurement of Fiscal Deficits: Analytical and Methodological Issues. *Journal of Economic Literature* 29 (1991), S. 1644–1678.

Buchanan, James M., Rowley, Charles K. und Tollison, Robert D. (Hrsg.), *Deficits.* Oxford, New York: Basil Blackwell, 1987.

Buiter, Willem H., Ten Commandments for a Fiscal Rule in the E(M)U. *Oxford Review of Economic Policy* 19 (2003), S. 84–99.

Buiter, W.H., Joys and Pains of Public Debt, in: P. de Gijsel und H. Schenk (Hrsg.), *Multidisciplinary Economics*, Dordrecht, The Netherlands: Springer, 2005, S. 209–224.

Bundesministerium der Finanzen, *Nachhaltigkeit in der Finanzpolitik. Konzepte für eine langfristige Orientierung öffentlicher Haushalte.* Gutachten des Wissenschaftlichen Beirats beim Bundesministerium der Finanzen, Heft 71, Berlin 2001.

Eichengreen, Barry, Restructuring Sovereign Debt. *Journal of Economic Perspectives,* 17 (2003), S. 75–98.

EZB, Die Wirksamkeit der Fiskalpolitik im Euro-Währungsgebiet. *EZB Monatsbericht* Juli 2010, S. 73–92.

Greiner, Alfred und Fincke, Bettina, *Public Debt and Economic Growth.* Berlin, Heidelberg: Springer, 2009, Kapitel 2: Sustainability of Public Debt, S. 5–69.

Haldane, Andrew G., Irwin, Gregor und Saporta, Victoria, Bail Out or Work Out? Theoretical Considerations. *Economic Journal* 114 (2004), S. C130-C148.

Kitterer, Wolfgang, Staatsverschuldung und intertemporale Allokation. *Jahrbücher für Nationalökonomie und Statistik* 204 (1988), S. 346–363.

Kotlikoff, Laurence J., und Burns, Scott, *The Coming Generational Storm.*

What You Need to Know about America's Economic Future. Cambridge, Massachusetts und London, England: The MIT Press, 2004.

Le Breton, Michel und Weber, Shlomo, The Art of Making Everybody Happy: How to Prevent a Secession. *IMF Staff Papers* 50 (2003), S. 403–435.

Manes, Alfred, *Staatsbankrotte. Wirtschaftliche und rechtliche Betrachtungen*. 2. Auflage, Berlin: Verlag von Karl Siegismund, 1919.

Mikosch, Heiner Felix und Übelmesser, Silke, Staatsverschuldungsunterschiede im internationalen Vergleich und Schlussfolgerungen für Deutschland. *Perspektiven der Wirtschaftspolitik* 8 (2007), S. 309–334.

Mückl, Wolfgang J., Ein Beitrag zur Theorie der Staatsverschuldung. *Finanzarchiv*, N. F. Band 39 (1981), S. 255–278.

Nowotny, Ewald (Hrsg.), *Öffentliche Verschuldung*. Stuttgart, New York: Gustav Fischer Verlag, 1979.

O'Connell, Stephen A. und Zeldes, Stephen P., Rational Ponzi Games. *International Economic Review* 29 (1988), S. 431–450.

Persson, Torsten und Svensson, Lars E. O., Why a Stubborn Conservative Would Run a Deficit: Policy with Time-Inconsistent Preferences. *Quarterly Journal of Economics* 104 (1989), S. 325–346.

Roos, Michael W. M., Die makroökonomischen Wirkungen diskretionärer Fiskalpolitik in Deutschland – Was wissen wir empirisch? *Perspektiven der Wirtschaftspolitik* 8 (2007), S. 293–308.

Sachverständigenrat zur Begutachtung der gesamtwirtschaftlichen Entwicklung: *Staatsverschuldung wirksam begrenzen*. Expertise im Auftrag des Bundesministers für Wirtschaft und Technologie, Wiesbaden 2007.

Scherf, Wolfgang, *Öffentliche Finanzen. Einführung in die Finanzwissenschaft*. Stuttgart: Lucius & Lucius, 2009, Kapitel F: Öffentliche Verschuldung, S. 397–449.

Seater, J. J.: Ricardian Equivalence. *Journal of Economic Literature* 31 (1993), S. 142–190.

Sturzenegger, Federico und Zettelmeyer, Jeromin, *Debt Defaults and Lessons from a Decade of Crises*. Cambridge, Massachusetts und London, England: The MIT Press, 2006.

Van der Ploeg, F., Macroeconomics of Fiscal Policy and Government Debt. In: P. de Gijsel und H. Schenk (Hrsg.), *Multidisciplinary Economics*, Dordrecht, The Netherlands: Springer, 2005, S. 187–208.

Van der Ploeg, Frederick: Political Economy of Prudent Budgetary Policy. *International Tax and Public Finance* 17 (2010), S. 295–314.

Von Hagen, Jürgen: Sticking to Fiscal Plans: The Role of Institutions. *Public Choice* 144 (2010), S. 487–503.

Von Weizsäcker, Robert K., Staatsverschuldung und Demokratie. *Kyklos* 45 (1992), S. 51–67.

Wagschal, Uwe und Wenzelburger, Georg, *Erfolgreiche Budgetkonsolidierungen im internationalen Vergleich*, Bertelsmann Stiftung, Gütersloh 2006.

Wellisch, Dietmar, *Finanzwissenschaft III: Staatsverschuldung*, München: Verlag Vahlen, 2000.

Woo, Jaejoon, Economic, Political, and Institutional Determinants of Public Deficits. *Journal of Public Economics* 87 (2003), S. 387–426.

Index

C.H.BECK ◪ WISSEN

in der Beck'schen Reihe

Zuletzt erschienen: